···民族与民族主义研究译丛··· | 赖海榕 主编

族群—象征主义和民族主义

一种文化方法

[英] 安东尼·D. 史密斯 著

林林 译 林丽玲 校

Anthony D. Smith

Ethno-symbolism and Nationalism: A Cultural Approach

Routledge
Taylor & Francis Group

中央编译出版社
CCTP Central Compilation & Translation Press

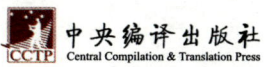

图书在版编目（CIP）数据

族群—象征主义和民族主义：一种文化方法 /
（英）安东尼·D. 史密斯著；林林译. —北京：
中央编译出版社，2021.3

书名原文：Ethno-symbolism and nationalism: a cultural approach

ISBN 978-7-5117-3914-8

Ⅰ. ①族… Ⅱ. ①安… ②林… Ⅲ. ①民族社会学-研究 Ⅳ. ①C954

中国版本图书馆 CIP 数据核字（2021）第 001088 号

著作权合同登记号：01-2021-0230

Ethno-symbolism and nationalism: a cultural approach, 1st Edition / by Anthony D. Smith /
ISBN: 978-0-415-49798-5
Copyright © 2009 by Anthony D. Smith

Authorized translation from English language edition published by Routledge, an imprint of Taylor & Francis Group LLC. All Rights Reserved.

本书原版由 Taylor & Francis 出版集团旗下 Routledge 出版公司出版，并经其授权翻译出版。版权所有，侵权必究。

Central Compilation & Translation Press is authorized to publish and distribute exclusively the Chinese (Simplified Characters) language edition. This edition is authorized for sale throughout Mainland of China. No part of the publication may be reproduced or distributed by any means, or stored in a database or retrieval system, without the prior written permission of the publisher.

本书中文简体翻译版授权由中央编译出版社独家出版并仅限在中国大陆地区销售，未经出版者书面许可，不得以任何方式复制或发行本书的任何部分。

Copies of this book sold without a Taylor & Francis sticker on the cover are unauthorized and illegal.

本书贴有 Taylor & Francis 公司防伪标签，无标签者不得销售。

族群—象征主义和民族主义：一种文化方法

责任编辑	郑永杰
责任印制	刘　慧
出版发行	中央编译出版社
地　　址	北京西城区车公庄大街乙 5 号鸿儒大厦 B 座（100044）
电　　话	（010）52612345（总编室）　（010）52612362（编辑室）
	（010）52612316（发行部）　（010）52612346（馆配部）
传　　真	（010）66515838
经　　销	全国新华书店
印　　刷	北京文昌阁彩色印刷有限责任公司
开　　本	710 毫米×1000 毫米　1/16
字　　数	166 千字
印　　张	13.75
版　　次	2021 年 3 月第 1 版
印　　次	2021 年 3 月第 1 次印刷
定　　价	68.00 元

新浪微博：@中央编译出版社　　　微　信：中央编译出版社（ID：cctphome）
淘宝店铺：中央编译出版社直销店（http://shop108367160.taobao.com）　（010）55626985

本社常年法律顾问：北京市吴栾赵阎律师事务所律师　闫军　梁勤
凡有印装质量问题，本社负责调换。电话：（010）55626985

族群—象征主义和民族主义

安东尼·D. 史密斯（Anthony D. Smith）是伦敦政治经济学院（London School of Economics）民族主义与族群学荣誉教授、族群和民族主义研究协会（ASEN）主席、《民族和民族主义》杂志主编。他著有 16 本书，100 多篇关于民族、民族主义和族群性的文章，他的著作已被翻译成 21 种语言出版。安东尼·D. 史密斯是民族主义跨学科研究领域的创始人之一。他发展了一种研究民族和民族主义的方法，即族群—象征主义（ethno-symbolism），这种方法涉及民族和族群的本质，以及考虑其象征维度的必要性。

本书简明扼要地阐述了研究民族和民族主义的族群—象征法，同时阐述了安东尼·D. 史密斯对这种方法的贡献及其在民族和民族主义核心问题研究中的应用。内容如下：

▶ 通过持续系统的论证，阐述族群—象征主义产生的理论背景。

▶ 解释它对民族的形成、存续和变革及民族主义的作用的分析。

▶ 论证族群—象征法对该领域过去和现在的正统学说的重要补充和纠正，并回应对族群—象征方法的主要理论批评。

这本书汇集并发展了安东尼·D. 史密斯方法的早期基础，总结了自1986年以来他在该领域工作的理论成果，有益于学生和所有对族群性、民族和民族主义研究感兴趣的人。

致　谢

在致力于研究民族主义的一生中，我要感谢这一领域的学生和学者。我想特别指出我有幸教过的许多研究生和本科生，尤其是在伦敦政治经济学院的民族主义和族群性（ethnicity）研讨会上的学生；他们的贡献经常迫使我重新思考问题和修正所采取的立场。我要同样感谢在该领域工作的各位学者，尤其是约翰·阿姆斯特朗（John Armstrong），其《民族主义之前的民族》（*Nations before Nationalism*, 1982）一直是我不竭的灵感源泉，约翰·哈钦森（John Hutchinson）的《文化民族主义的演变》（*Dynamics of Cultural Nationalism*, 1987）和《作为冲突区域的民族》（*Nations as Zones of Conflict*, 2005）已成为开创性的作品，为探索民族主义的社会和文化基础开辟了新的前景。我还要对沃克·康纳（Walker Connor）的开创性著作以及史蒂芬·格罗斯比（Steven Grosby）的精细学术分析，特别对古老民族问题的分析，表达我的钦佩。

与此同时，我从现代主义者的开创性著作中汲取了灵感：汉斯·科恩（Hans Kohn），卡尔·多伊奇（Karl Deutsch），埃里·凯杜里（Elie Kedourie），埃里克·霍布斯鲍姆（Eric Hobsbawm），本尼迪克特·安德森（Benedict Anderson），约翰·布鲁伊利（John Breuilly），特别是我从前的导师欧内斯特·盖尔纳（Ernest Gellner），他的民族主义理论,像为其他人打开大门一样,也为我打开了这一领域的大门。尽管我与他们的观点不尽相同,但他们仍然对我自己的方法产生了巨大的影响。

  毫无疑问,上述任何一方均不对本书表达的观点、错误或遗漏负责。

安东尼·D. 史密斯

伦敦　2008 年

目 录

导　论 ……………………………………………… 001

第一章　永存主义与现代主义 …………………… 003
第二章　族群—象征主义的基本主题 …………… 026
第三章　民族的形成 ……………………………… 048
第四章　民族主义的作用 ………………………… 072
第五章　民族的存续与变革 ……………………… 098
第六章　赞成和反对 ……………………………… 130

后　记 ……………………………………………… 163
参考文献 …………………………………………… 167
索　引 ……………………………………………… 200

导 论

本书的目的是提供一个有关族群—象征法（ethno-symbolic approach）的简明陈述，族群—象征法是研究民族和民族主义的一种方法。本书旨在阐述这种方法产生的理论背景、主要假设与主题，及其对民族的形成、存续和变革及民族主义作用的分析。同时，本书一般性地陈述了我对这种方法所做的贡献及其在民族和民族主义中心问题上的应用。

"族群—象征主义"（ethno-symbolism）并不自诩为一种科学理论。相反，它应该被看作研究民族和民族主义的独特视角和研究方案。事实上，这个词本身是偶然出现的，它产生于20世纪80年代末伦敦政治经济学院（LSE）关于族群和民族的本质及其象征维度必要性的研讨中。

如果不必过于认真对待名称，那么希望这个视角会是有用的、有益的。正如我尽力表明的那样，族群—象征法为该领域过去和现在的正统学说提供了重要的补充和纠正。它是一个补充，旨在补充现代主义者（modernists）的叙述。它同时也起到纠正作用，因为在这个过程中必然要驳斥和修正他们的一些论点，同时，也驳斥和修正了他们的反对者"永存主义者"（perennialist）的一些观点。虽然族群—象征主义提供了一种研究范式，但它并没有提出新的理论。

这是因为，在一个如民族和民族主义这样庞大而复杂的领域里，以令人信服的方式提出新的理论的可能性微乎其微。正因如此，大家在理论创新方面尝试不足，导致列举的反例和假说都很容易被驳倒。我们希望通过这样如此多样的过程、意识形态和行动者提供一些理论框架和工具来进行分类和研究，并且本着马克斯·韦伯（Max Weber）的精神，就部分和可能的因果关系提出一些建议。

虽然我经常引用其他人的著作来阐述这一理论，尤其是约翰·阿姆斯特朗和约翰·哈钦森的著作，但下面的内容必须被视为我自己对族群—象征主义主要元素的描述，而且主要是基于我个人的兴趣。本书将我的研究方法及其早期的形成过程加以汇总，它代表了我自1986年以来在该领域研究的理论总结。我提供这篇较长的论述，是希望通过族群—象征主义更全面的解释，为学生和所有对族群性、民族和民族主义研究感兴趣的人提供帮助。

第一章　永存主义和现代主义

民族"自古以来"就存在，它存在于任何地方、任何时期。古埃及人、亚述人、波斯人、希腊人，更不用说印度人、中国人和日本人，他们不被称作"种族"（races）时，就被称作"民族"（nations），这些术语在19世纪和20世纪早期经常互换。对于英帝国主义者来说，"英国种族"征服了全球四分之一的地方，就像丹尼列夫斯基（Danilevskii）这样的泛斯拉夫主义者（pan-Slavists）认为的一样，年轻的俄罗斯"民族"是一种新的强大力量，将取代病弱的西方民族。同样，欧洲人和非洲人也可以把"非洲种族"说成是"非洲民族"。如果说拿破仑有意消灭整个犹太"民族"，并以此给予个体犹太人法国公民身份，那么从瓦格纳（Wagner）和德鲁蒙特（Drumont）到希特勒的反犹太派就是一心要消灭犹太"种族"。

重点在于，民族和种族一样是由自然赋予的，因此是永恒和原生的。虽然个别民族可能是历史过客，但"民族"作为一个范畴和历史共同体是永恒的，是一种历史基准，它的起源和脉络可以追溯到人类生物学，但它本身却表现为一种特定类型的社会文化共同体。当然，并不是所有的观察家都接受这一流行的、天然而成的民族主义观点。例如，欧内斯特·勒南（Ernest Renan）就提出了一个更微妙的历史解释。一方面，他提出了一个更为自愿论（voluntarist）的民族定义,即通过每日公民投票来重申历史牺牲的总和——虽然这一说法的效果由于他把公民投票比作个人每天对生活的肯定而有所削弱。另一方面,在同一个讲座中,勒南认为,现今的西欧民族,包括它们的大致边界,是843年《凡尔登条约》(Treaty of Verdun)划分查理曼王国的产物,对许多现代民族主义学者来说,这种观点并不值得推崇。但勒南属于少数。历史学家海因里希·冯·特雷奇克(Heinrich von Treitschke)代表了绝大多数人的意见,他将民族的性质和边界与他们的民族志基础联系起来,将民族共同体与国家联系在一起,特别在阿尔萨斯-洛林(Alsace-Lorraine)。①

古典现代主义

两次世界大战和大屠杀让世界惊魂未定,动摇了种族主义和民族主义的意识形态,也影响了"永存主义"解释民族自然主义的理论。民族主义与法西斯主义一同被谴责,而之前两者常和"部落主义"(tribalism)形式混为一谈。现在人们不会再将民族与"种族"两个概念等同起来。早在20世纪20年代和30年代,严肃的民族主义学者如卡尔顿·海斯(Carlton Hayes)和路易斯·斯奈德(Louis Snyder)就强调民族主义意识形态的现代、世俗内容及其与理性主义和自由主义的密切关系。与此同时,本着汉斯·科恩将莱茵河以西理性、自由的民族主义与莱茵河以东有机、权威的民族主义一分

---

① 勒南的讲座,参见Thom(1990);关于特雷奇克,参见Guibernau(1996,7-12)。马克斯·韦伯也把民族与自己的国家联系在一起,但在他著名的科尔马博物馆之行中发现,阿尔萨斯人民的同情无疑是法国的,尽管他们说德语方言,参见Weber(1948,176-77),或者Beetham(1974)。

为二的精神，民族正日益与18世纪的民主革命联系在一起，并被视为现代西方崛起的产物。①

在这一趋势中，卡尔·多伊奇和他的社会交流学派是先驱者。他认为，民族问题的出现是基于迅速的社会流动和不断增加的社会交流，那正是西方国家从18世纪以来所经历的。以他们的经验为模型，可以绘制出构建各民族的步骤，比如促进城市化、提高社会流动性、提高识字率、增加媒体的曝光率和完善投票方式。所有这些都是"现代化"的产物或维度，是社会变革的一大步。②

这些想法启发了该领域为数不多的理论之一，即欧内斯特·盖尔纳的理论。盖尔纳的理论雏形产生于1964年，在1983年得到进一步阐述，它引起了一股现代化浪潮，席卷西方，侵蚀着传统社会，并以语言和文化的融合取代了早期亲属关系和部落角色之间的联系。现代社会鼓励扩大规模，鼓励流动性，很少关注背景信息。因此，用特定语言进行的世俗教育是提供现代身份和公民资格的关键。然而，现代化程度参差不齐，为了能够资助和支持大规模标准化教育系统，大省会取代了小村庄。但是，随着城市化进程的推进，城市的原居民和来自这个国家的新移民之间因争夺稀缺资源发生冲突。如果新移民恰好说不同的语言，或者有不同的宗教或肤色，可能会发现自己被排除在各种城市福利之外。因此，知识分子敦促拥有共

5

---

① 科恩（Kohn, 1944, 2nd edn 1967）谈到"西方"和"非西方"，而不是以莱茵河为分界线的"东方"民族主义，当时这种区分具有紧迫的政治力量。显然，尽管存在明显的地缘政治和规范缺陷，但它仍然具有现实意义。参见Calhoun关于科恩的富有洞察力的文章（2007, ch. 6）。关于民族主义的早期类型，参见Hayes（1931）、L. Snyder（1954）和Hertz（1944）。

② 多伊奇在1953年率先提出了"控制论"方法，在第二版（Deutsch, 1966）中作了进一步的阐述。关于"民族建构"的概念，参见Deutsch and Foltz（1963）以及康纳1972年的评论（Connor 1994, ch. 2）。

同文化的无产阶级通过组建一个新的民族和国家而从中脱离。因此，在现代是民族主义创造了原本不存在的民族。而且，民族在早期的"农业文化"社会中没有立足之地，因为农民大众由少数精英统治。但它们现在不仅成为一种社会学的需要，而且对工业现代化起积极的作用。①

认为民族和民族主义植根于一个独特的历史时期的想法并不是新鲜事物。从卡尔·考茨基（Karl Kautsky）到奥托·鲍威尔（Otto Bauer），再到卡尔·伦纳（Karl Renner）等马克思主义者们都宣告过这一点。但如今它在战后工业社会理论中被赋予了核心地位。这些想法反映了民族和民族主义的政治变体。在这里，不是工业或资本主义，而是现代专业化的国家产生了大规模的民族和它们的全面战争，正如约翰·布鲁伊利所展示的那样，反对民族主义运动旨在夺取国家。埃里克·霍布斯鲍姆认为，民族主义和国家造就了民族，而不是民族造就了国家。为了实现这一点，民族主义者不得不创造神话、传统和合适的历史等等。通过这些方式，他们可以控制新获得选举权的民众，1870年后，在许多工业化程度更高、民主程度更高的欧洲国家，这些民众开始要求发挥政治作用。与此同时，根据本尼迪克特·安德森的说法，新的印刷媒体与先进的资本主义相结合，催生了一个中产阶级读者群体。到了18世纪末，以当地的印刷语言为基础，并经历了所谓的"齐次空时"（homogeneous, empty time）的新的"想象的共同体"，正在取代衰落的宇宙信仰和神圣的

---

① 我在这里把盖尔纳理论的早期版本和后期版本合并。后一版本更抽象，更唯物主义，也更富有结构性和决定论。参见 Gellner（1964, ch.7, and 1983）。向更结构化理论的转变可以在他1973年的文章中看到，这篇文章强调了现代的一般教育和专业教育（Gellner 1973）。

君主政体。①

同样的现代主义思想也曾适用于民族主义意识形态，它也是启蒙运动和浪漫主义的产物。在埃里·凯杜里看来，伊曼纽尔·康德（Immanuel Kant）认为，民族就是自治意志；而在费希特（Fichte）认为，民族或语言群体必须是自决的，这将民族主义推上了世界舞台，破坏了家庭、邻里关系和信仰的传统社区。民族主义意识形态纵容儿子反对父亲，被那些游离在"传统社会"和"理想的文明西方"之间的"边缘人"所左右，结果令人大失所望，因为现实远远差于他们的预期，尤其是在非洲和亚洲的殖民国家。尽管如此，他们遭受种族歧视的痛苦经历点燃了千年以来的梦想，并将他们的精力投入到激进和颠覆性的政治解决方案中。凯杜里对知识分子经验的强调得到了几位学者的认同，他们认为民族主义作为一种世俗的自我解放学说，具有特殊的号召力。②

到了20世纪六七十年代，"现代主义"观点已成为公认的正统观点，几乎将永存主义观点从学术界一扫而光。在任何地方，民族和民族主义的现代性都被认为是不言而喻的真理。事实上，挑战者被指控要"反思民族主义"，并要以现代民族主义的视角来审视前现代主义的过去。

现代主义者宣称：

1. 民族主义、意识形态和运动，既是现代的也是创新的；
2. 民族同样是现代的、创新的；

---

① Breuilly（1933）；Hobsbawm（1990）和 Hobsbawm and Ranger（1983, Introduction and ch. 7）；Anderson（1991, especially chs 1–3）。关于评估，参见 A.D.Smith（2004a, ch. 3）。

② Kedourie（1960 and 1971, Introduction）。其他强调知识分子作用的包括 Shils（1972）、Berlin（1979）和 Hutchinson（1987）。

3. 两者都是"现代化"的产物，是社会朝"现代"国家转变的全球运动。

现代主义认为，在前现代时期，即 18 世纪以前，寻求民族的起源是不可能实现的，更不用说寻求民族主义的了。的确，有些人声称，在 19 世纪末或 20 世纪初以前，民族的轮廓是看不出来的，因为民族和民族主义是群众现象，而"群众"是随着福利国家的兴起才出现在历史上。①

但现代主义的视角并不局限于历史阶段问题。除了一些特殊情况，它还作了一些其他假设，这为其支持者的分析提供了依据。毫无疑问，其中最重要的假设是：民族是"真正的"社会共同体，而不是简单的分析建构或没有持久"内容"的话语形式，这是罗杰斯·布鲁贝克（Rogers Brubaker）的评论。对于多伊奇、盖尔纳、汤姆·奈恩（Tom Nairn）等人来说，民族是由分散的人口、特定的领土、一系列独特的制度和角色以及对应的独特文化组成的。从这个意义上说，民族是一种特殊的社会共同体，为了这个民族，领导者可以动员人民作出牺牲，包括付出生命的牺牲。②

另一个假设是：民族和民族主义是根植于历史的，这不仅表现在时间顺序方面，也表现在地缘文化层面。就连盖尔纳也承认，民族主义需要既存的文化材料（即使是负面的文化材料），从而在这些资料基础上开展民族创立事业。民族可能不会有族群"中心"，但必须有包括领土在内的一些元素，才能使某些特定人口区别于其他人口，并将其结合在一起。按赫尔德（Herder）所说，语言往往是最

---

① 参见 Connor（1990，2004 and 2005），以及我的回应（A. D. Smith, 2004b and 2008a, ch. 1）。

② Deutsch（1966）、Gellner（1964, ch. 7）和 Nairn（1977, ch. 2）。关于布鲁贝克对"实体主义"的批判，参见 Brubaker（1996, ch. 1）。

受欢迎的黏合剂，但一个既存的国家传统也可以提供必要的黏合剂。因此，尽管对既有共同体有强烈否定，现代主义者的"现代民族"并不缺乏可供构建使用的祖传材料。①

最后，现代主义者认为民族是行动和目标的共同体，民族的建构是共同体中具有创新精神的个人和群体的杰作。因此，"民族建构"被认为是社会和政治现代化固有的构想，而民族主义代表民族积极的集体努力和牺牲的意识形态，民族主义领导人及其运动的"实现"反过来又是其发展潜力的结果和目标。从这个角度来看，权力被视为产生影响的能力，不仅对于结束压迫是必要的，而且对于建构充分参与的现代民族的政治共同体也是必要的。②

对现代主义的批判

社会现实主义、历史嵌入性、集体政治行动，这些既是现代主义的标志，也是现代主义对民族和民族主义长期研究的总结。但是，即使这些观点正在形成，也可能会有不同的声音，即否认现代主义的部分或全部假设。在这里，我将简要概述三种这样的批评，然后再深入探讨族群—象征论。

---

① 在1995年的沃里克辩论中，盖尔纳（Gellner 1996）把爱沙尼亚人作为一个完全的现代化民族例子。然而，证据表明，宗教改革以来的文学和教育强化了早期的族群差异，参见 Raun（1987）。

② 关于现代国家的作用，参见 Breuilly（1993，especially 367-80）和 Mann（1993）。关于民族建构，除了 Deutsch and Foltz（1963），还可参见 Bendix（1964）、Eisenstadt（1973）和 Rokkan et al.（1973）。

一、原生主义

最著名的批评被统称为"原生主义"（primordialism）。在许多领域，原生主义已经成为一个贬义词，涵盖了自然主义、本质主义和追溯民族主义的多宗罪。当然，只有一些民族主义者可以被称为"原生主义者"：他们认为，民族从一开始就存在，即使不是自然本身，也是人类所固有的。虽然民族主义、意识形态和运动可能是新近的，但是民族被视为亲属关系的延伸形式，和家庭是同时代的，也是普遍存在的。当然，特定的民族在历史的时间跨度内出现和衰落，并像任何有机体或共同体形式一样发生变化，但民族作为共同体的范畴和形式，具有周期性、跨历史性和跨文化性。

"原生主义"最新的表现形式有两种。第一种是社会生物学形式。它的主要倡导者皮埃尔·范登·伯格（Pierre van den Berghe）认为，民族、族群共同体和种族都是亲属关系延伸的表现形式，最终源自个体的基因繁殖驱动。通过诸如同族婚姻和裙带关系等机制，使个体基因库最大化的愿望创造了更广泛的"包容性适应"群体，超越了大家庭，其中包括族群和民族。但是，在这些情况下，文化补充了生物学，通过共同的食物、衣着、言语和习俗等文化标志来识别与他人的关系。最近，为了回应批评，范登·伯格补充了他早先的分析，提出一个更具体的民族理论，关于在特定领土内实行威压的国家的崛起，但这进一步削弱了从生物底层衍生出民族的能力。①

第二种形式是文化上的。1963 年，克利福德·格尔茨（Clifford Geertz）以爱德华·希尔斯（Edward Shils）的行为取向类型学为基础，区分了"原生"和"公民"的行为导向。如果前者源于他所谓

---

① 参见 van den Berghe（1978 and 1995）。

的语言、习俗、宗教、种族和领土的"文化馈赠"（cultural givens），那么公民行为倾向于现代国家的世俗秩序和国家的理性效率，而非洲和亚洲的新国家想要成功地克服其社会中根深蒂固的文化—原生分裂（cultural-primordial divisions），这种倾向是非常必要的。对格尔茨而言，原生性属于个体天性，并非来自文化纽带。正因如此，它是优先的并具有约束力，能够对理性秩序构成威胁。因为，虽然民族主义的目的是建立一个世俗的国家秩序，但族群和民族却从"文化馈赠"所产生的分裂中脱颖而出。①

最近，史蒂芬·格罗斯比拓展了这种类型的分析。尽管他文章的主旨更多的是历史上的"新永存主义"（neo-perennialism）（见下文），但格罗斯比在回应那些抱怨格尔茨将原生行为当作非社会性甚至非理性的批评者时，提出原生性归因于人类环境中那些被认为能保护和维持生命的特征，其中最重要的是亲属关系和领土。正是通过祖国大地的物产和家庭的核心，才能感受到生活得到了保护和变得美好。因此，民族是一种关系，这种关系具有历史深度，虽受限于领土边界，但可以跨越地域。这种关系的例子可以在法国大革命很久之前找到，可以追溯到古埃及和以色列。②

格罗斯比的拓展分析在一定程度上是为了回应这样的批评：尽管文化原生主义者清楚地强调了民族和民族主义所激起的热情，但他们没有对这个领域的核心方面作出任何解释。他的假设虽然是推测性的，但从他自己对古代近东的民族研究中得到了印证，这一点我在后面的章节会讨论到。

---

① 对于格尔茨的导向类型，参见 Shils（1957）。关于格尔茨的文章，参见 Geertz（1973）。关于文化原生主义者的普遍正面评价，参见 Horowitz（2004）。

② 关于艾勒和考夫兰（Eller and Goughlan 1993）对格尔茨关于原生联系的批评的回应，参见 Grosby（1994）或 Grosby（2006）。

二、新永存主义

这是第二个与现代主义相关的批判。我把这种批判称为"新永存主义"（neo-perennialism），尽管它否定了民族在历史记录中随处可见的旧观点，但它确实复兴了一种信仰，即至少有些民族在前现代时期繁荣昌盛。只是现在，将文化群体命名为"民族"不仅存在很多分歧，而且在其定义和历史论证方面都更加谨慎。

一般来说，上述历史学家就是所谓的"持续新永存主义者"。他们主要的关注点在于追溯从前现代到现代民族的具体根源和连续性，并坚称古代或中世纪所有人谈论的都是与现代完全相同的民族共同体，即便稍有修改，也同样适用。在这方面，犹太人和亚美尼亚人已成为典型。对于史蒂芬·格罗斯比来说，这两个共同体都可以被看作具有时间深度并且跨地域但有界限的，因此可以被合理地描述为民族。但他没有告诉我们的是，当他们中许多人甚至大多数人被宗主国流放时，他们的归属是否会随着他们政治地位的改变而改变。①

对于中世纪的历史学家来说，英国提供了一个判断案例。这是因为英国是典型的最古老、最强有力的中央集权国家之一。从盎格鲁-撒克逊时代晚期开始，现在的英格兰大部分地区都是由一个首都统治的，即诺曼人在一个已经统一的王国的基础上建立起来。从14世纪开始，单一的英国法律和语言支撑着国家机构及其郡县、巡回审判和司法长官制度。对于像阿德里安·黑斯廷斯（Adrian Hastings）、约翰·吉林厄姆（John Gillingham）和帕特里克·沃马尔德（Patrick Wormald）这样的新永存主义者来说，这至少可以证明英国民族在14世纪就已存在。同样，在科莱特·波纳（Colette

---

① 参见 Grosby（2002，especially ch. 5）。

Beaune)看来,到14世纪,我们已经可以开始谈论法国的民族认同感了,尽管这种认同感仅限于宫廷和神职人员周围的一小部分精英。①

如果这些论点得到支持,那么现代主义的观点就站不住脚了。但是在这一点上,我们需要区分时间的(chronological)和结构的(structural)两种现代主义。时间现代主义仅声称,作为一个历史事实,在18世纪末的民主革命之前民族并没有出现,任何前现代与现代民族的相似之处纯粹是偶然的。而结构现代主义认为,民族很简单,是一个属于现代共同体范畴的类型。民族在18世纪晚期之前是不可能出现的,因为在18世纪晚期第一批社会刚进入现代时代,这时才经历了充分的社会、文化和政治上的"现代化"。因此,撇开解释一个模糊而复杂的民族概念问题,现代化同样是一个具有弹性和复杂性的概念。即使我们承认新永存主义的批判破坏了时间现代主义,但也使结构或社会学的现代主义相对完整。首先,现代主义者可以反驳说,新永存主义的历史学家没有一个普遍的理论,而且往往没有明确地界定他们的民族标准。其次,尽管有一些早期的预兆,但大量的民族只在1800年后才出现,其根本原因是:民族是一种新型的共同体,它只适合现代社会的特定条件,而不适合其他社会形态。②

---

① 一般立场由黑斯廷斯强有力地提出(1997, especially ch. 2)。关于中世纪的英格兰,参见 Wormald (2005)、Galloway (2004) 和 Gillingham (1992),以及 Kumar (2003) 的批判。Beaune (1991) 和 Strayer (1971, chs 15 and 16) 探讨了法国中世纪王国的自我形象。

② 从历史的角度对新永存主义和族群—象征主义的立场进行了强有力的批判,并对现代主义论点进行了有力的陈述,参见 Breuilly (1996 and 2005 and b)。

三、后现代主义的批判

在这一点上,"后现代"(post-modern)(在某些情况下称作"后现代主义")的转向引起了对现代主义的第三次批判。后现代主义同意现代主义者的观点,即民族和民族主义"属于"并植根于现代时代。这种分析进一步表明,我们正在进入后现代时代,因此见证了一种"后民族"秩序的出现,在这种秩序中,以前占主导地位的民族国家已经变得支离破碎并被取代,民族主义日益遭到否定和(或)削弱。

从本质上看,这种批判是不同的。许多理论发展属于一般性范畴,包括女性主义、规范性、话语性和微观层面的批评。最常见的统一做法是否定宏大理论和叙事,采取一种以建构主义为主的方法。这一做法往往因为具有象征性和工具理性,将民族和民族主义视为精英阶层的创造物。当然,像保罗·布拉斯(Paul Brass)这样的现代主义者已经强调了文化象征在精英竞争中的核心作用,以便在现代印度等社会中为民族主义的起源提供大量支持。但是后现代的建构主义者反对民族主义的本质主义、自然主义以及"原生主义",正如霍布斯鲍姆和兰杰(Ranger)所认为的,把民族最终看作精英们为了社会控制而利用"发明的传统"所设计的虚构体,或者按照安德森的建议,把国家看作一种"想象的共同体"的新形式,一种语言和象征实践的话语形式。①

由于迈克尔·比利格(Michael Billig)开创性的工作,研究本土民族主义实践的观点越来越具有影响力。然而,对于比利格来说,

---

① 关于印度文化象征精英的使用,参见 Brass(1985 and 1991)。Hobsbawm and Ranger(1983)和 Anderson(1991)提出并探索了"发明的传统"和"想象的共同体"。

更大的蓝图依然重要。在西方,"未挥旗"(unwaved flag)的"平庸"(banal)民族主义总是与其他地方"热门"而活跃的民族主义对立起来。罗杰斯·布鲁贝克进一步研究了苏联和后苏联民族问题。布鲁贝克强调民族主义实践的制度性质,敦促改变焦点,不再认为民族是一个持久的、实质性的社会共同体,转而认为民族仅是民族主义设计、实践和事件的结果,源于现代国家的范畴。①

最近,关于文化差异、情境族群性和通俗民族文化的研究,明显说明宏大理论的衰微。对于像霍米·巴巴(Homi Bhabha)这样的研究者来说,文化差异是不可简化的。因此,对民族认同的传统叙事被认为是不可救药的混合体,并且随着前殖民地居民、外来务工人员和寻求庇护者以及诸如此类的人等涌入西方而四分五裂。其他人则反过来解构族群性。艾蒂安·巴利巴(Etienne Balibar)和伊曼纽尔·沃勒斯坦(Immanuel Wallerstein)认为,随着民族化进程的推进,将一个特定领土国家内的人口转变为自然的族群共同体,这一过程是可塑的、多变的、因地制宜的。蒂姆·埃德索尔(Tim Edensor)在更日常、更普及的层面上进一步分析了这些民族化做法。民族空间化(spatialisation)、表象化(performace)、物化(materialisation)和表征化(representation)的过程既可以在日常活动中找到,也可以在媒体或官方文化中找到。它们嵌入民族的理念,即使这些理念在日常使用中变得更加多元化和分散化。②

这种强调混合和分裂相统一的民族认同感,在实践和理论上都受到了挑战。虽然它们在民族共同体内发出更多的声音,但是官方

---

① 关于根深蒂固或陈腐的民族主义,参见 Billig(1995);关于苏联民族实践,参见 Brubaker(1996)。

② 埃德索尔(2002)对日常大众民族主义的各个维度进行了探究和阐释。关于族群的归化过程,参见 Balibar and Wallerstein(1991)。关于"混合的认同"参见 Bhabha(1990, ch. 16)。

的民族叙事依然存在，民族国家的许多结构和做法也依然存在。当然，全球移民无疑扩大了许多西方国家的族群组成，但由于移民和寻求庇护者的跨国权利存在异议，有时甚至引起暴力，致使民族认同、人权和国家安全的叙事方面的斗争日益激烈。从理论上讲，由于国家的分裂和全球化，后现代和后民族秩序的早期假设也受到一些人的挑战，这些人认为，全球趋势是民族国家和民族主义的复兴，而不是削弱。更为重要的是这些人证明了后现代批评对宏大叙事的依赖性（在这里，是对现代主义叙事的依赖），他们自己是经验主义者（empiricist），通常是微观层面的方法论模糊不清，因而需要通过提出替代范式来应对理论挑战。

四、族群—象征的批判

通过对占主导地位的现代主义正统理论进行激进而淋漓尽致的批判，历史上的族群—象征主义提出了这样一种范式。虽然它没有提出科学意义上的理论，但作为一种替代方法和研究方案，它试图为研究民族和民族主义提供一些概念工具。

然而，在此之前，必须先普及一些与现代主义一致的基本观点。与各种"后现代"批判不同，族群—象征主义者同意现代主义者的一些观点，强调将民族视为"真正的"社会共同体的重要性。无论想象的元素如何进入民族形成过程，其结果远不止一种建构和一种话语形式。因为民族共同体一旦形成，就有"自己的生命"，即具有真正的结果，如果没有民族的存在，它们的成员过去不会、将来也不会以某些方式采取行动。人们只要试着想象一个没有民族的世界，就会明白这些民族的出现及其对社会和政治的主导地位所产生的深远影响。人们甚至可以说，今天，"社会"的概念不亚于"民族"的概念，不论有无国家。

同样，族群—象征主义者与那些把民族看作动态的、有目的的行动共同体的现代主义者是一条战线上的。鉴于"民族""民族认同"和"民族主义"等术语一直以来的概念困扰,人们很容易将民族视为纯粹的"话语形式",由国家及其精英创造和操纵。但这回避了"情感"的问题:如此多的人对"他们的"民族有着强烈的忠诚与归属感。人们不会为了话语形式牺牲自己的生命。正如"民族"是可感知、有意志、可想象、有行动力的,今天许多民族的成员都认为自己的利益、需求和福利与"他们的"民族的福利和命运密切相关。

另外,还存在一个共识领域(area of agreement)。对于现代主义者和族群—象征主义者来说,民族都被视为植根于特定的历史和地缘文化背景中的历史共同体。因此,它们的起源、特征和轨迹都适用于因果历史分析,民族主义的意识形态和运动也是如此。这并不是说民族拥有"特质",也不是具体化民族和民族主义,而是将它们视为特定的时空背景下共同体和运动的形式。民族的成员视其为实现自己利益和理想的资源和媒介,并视其为密切的社会联系和文化团结(cultural solidarities)。

然而,除了这些观点,族群—象征主义者在几个关键问题上与现代主义者分道扬镳。这些问题包括象征资源(symbolic resources)、长时段(la longue durée)、族群(ethnie)与民族、精英和群众、冲突和重新诠释。

1. 象征资源

物质因素对现代主义范式的重要性怎样强调也不为过。现代性是由一种新的技术和经济"基础"构成的,而政治和文化的变革基于这种物质革命。诚然,现代主义的主要理论家也会考虑文化和政治变量:对于多伊奇来说是社会交往和语言;对于盖尔纳来说是语言和文化;对于奈恩来说是浪漫主义和民粹主义;对赫克特来说是文化团结；对于霍布斯鲍姆来说是"发明的传统"；对于布鲁伊利来说是现代国家和官方仪式与典礼；对于安德森来说，是印刷技术和印刷资本主义的语言和话语实践。这些变量与我们对时间变革的概念相似。然而，尽管人们极大关注这些，但文化因素和一定程度上的政治因素显然取决于资本主义和工业主义的崛起，或者两者兼而有之。甚至凯杜里的理想主义也以法国大革命为例来阐述政治角度。①

这不可避免地导致一个主要的但绝不是唯一的工具分析。人们的注意力集中于精英行为者和阶层的利益和需求上，往往把地位因素和意识形态视为民族主义者行动的动机，有时甚至用于掩盖他们的"真正"动机。这一点在欧内斯特·盖尔纳对原有城市居民与新无产阶级移民之间争夺稀缺城市资源的分析中显而易见。或者说权力最大化就是他们的动机。例如，约翰·布鲁伊利解释了民族主义如何通过旨在控制现代国家的运动来调动、协调和合法地赋予相互竞争的阶级和阶层利益，并且随着资本主义的到来，民族主义与社会日益脱离。因此，主观因素即使没有被否定，也会被贬低。这并不是说现代主义者不愿意承认"意志"和"意识"等社会心理因素的相关性。但他们认为，这些因素是相互依存的，无法改变物质因素推动人类利益的"轨迹"。即使是安德森提出的独特的"想象力"，也取决于许多以前的物质和体制因素，这些因素为现代成功的想象奠定了基础。

毫无疑问，物质资源和权力差异往往会影响民族共同体、民族意识形态和民族运动在历史中可能发挥重要作用的条件。但它们

---

① 参见 Hechter（1975）and（2000）；Breuilly（1993）；Anderson（1991）；Hobsbawm and Ranger（1983）；Gellner（1983）；Nairn（1977）；Deutsch（1966）；Kedourie（1960）。

并不决定民族运动的内涵或强度，也无法告诉我们哪些共同体、意识形态和认同感将会出现并扎根。正如马克斯·韦伯所论证的那样，"持票人"（bearer）阶级或地位群体很可能会重塑一种意识形态，这种意识形态被一种选择性亲和关系所吸引，但仅限于在最初的形成阶段，它的内涵由个体提出并由关键圈子（并不一定是精英圈子）所采用。为了说明这些内涵及其吸引力，我们必须从其他方面入手。

对于族群—象征主义者而言，这意味着根据象征性资源，即构成人口文化单元的积淀遗产——传统、记忆、价值、神话和符号来分析共同体、意识形态和认同感。只有在我们处理特定意识形态的形式、内容、吸引力和共同认同感时，文化领域才享有特权。与现代主义对物质和政治领域的强调相反，族群—象征主义者强调主观和象征资源在激发意识形态和集体行动中的作用。这样做的目的是进入参与者的"内心世界"，理解他们的感知和愿景。

2. 长时段

对于现代主义者来说，现代性构成了民族的母体，这既包括年代限制，也包括社会学评价。"现代性"的时代包括最近和现在，在那之前什么都不重要。正如欧内斯特·盖尔纳在谈到民族的现代化问题时所说：

> ……像我这样的现代主义者相信，世界是在18世纪末左右创造出来的，而在此之前，我们所面临的问题丝毫没有意义。

他给出的理由是，17世纪末和18世纪的一系列科学和经济变革改变了世界，使民族成为社会中的必要元素，而以前它们是无关紧要的。①

这里有两个问题。第一个是他们对民族定义方式固有的循环性。对于现代主义者来说，民族，无论作为概念还是社会共同体，都被定义为现代。一个前现代的民族是不可想象的，因为这个民族是现代性的产物。或者，现代主义者认为前现代社会不是"现代意义上的"民族，如果把它们看作一个民族就是沉溺于"追溯民族主义"。②

更糟糕的是，这个定义在一定程度上转移了人们对特定民族长期历史研究的注意力。如果在 18 世纪之前没有任何事情是重要的，如果所讨论的时期受到任意的限制，那么在几个世纪以前甚至是几代人以前去寻找民族的起源，非但无用，而且会误导别人。因为，民族可以在相当短的时间内构建，甚至是创造。盖尔纳引用了爱沙尼亚的例子，他认为爱沙尼亚是在 19 世纪中叶欧洲的现代化中应运而生的。然而，对于族群—象征主义者来说，这种根本性的历史截取，使现代主义者无法对民族形成的长期过程以及与同一地区早期文化和政治社会形式有关的长期过程进行任何探索。③

3. 族群性

与文化一样，族群性也在很大程度上被现代主义者在民族现象、民族和民族主义的叙述中贬低或忽略。早期的盖尔纳忽略了所有关于族群性的内容，在他后来的理论中也只把族群性放在次要地位。霍布斯鲍姆认为，如果族群性只意味着血统，那么它就太局限了；如果族群性被扩展到包含其他文化元素，那么它又太模糊了。对安

---

① 参见 Gellner (1996, 366)。

② 关于民族概念的定义的循环性可以在库马尔 (Kumar) 关于创造英国民族认同的精彩论述中找到，参见 Kumar (2003, 53)。

③ 参见 Gellner (1996) 和前文第 9 页脚注①。

德森来说，是语言而不是族群性构成了他分析的出发点；对于政治历史学家或社会学家，如布鲁伊利、吉登斯（Giddens）和迈克尔·曼（Michael Mann）而言，族群性充其量只是一个补充因素，多数情况下并不能决定民族和民族主义。①

这种忽视的部分原因与现代主义者的历史分期有关，他们坚持民族和民族主义的绝对时间现代性，但在某种程度上可以勉强接受族群在前现代时期的普遍存在。现代主义者并非没有意识到这一问题，但在很大程度上，他们将族群性边缘化了。例如，汤姆·奈恩承认 1800 年之前族群性的重要性和普遍性，但他坚持认为这与民族主义随后的传播所带来的问题完全不同。盖尔纳也承认，16 世纪的英国对他的理论提出了质疑，但他认为英国过早的流动性和个人主义预示着现代化的全面涌入。甚至霍布斯鲍姆也承认，在英格兰都铎王朝，我们面临着一种以国家为中心的前卫的爱国主义。虽然，少数情况下以国家为中心的传统确保了一些国家的连续性，但这并不会影响他对民族和民族主义的看法，他认为民族和民族主义本质上是 19 世纪的现象。②

另一方面，对于历史上的族群—象征主义而言，民族现象普遍存在，因此必须将其置于民族和民族主义历史社会学的中心。这可以从几个层面的分析中看出。在定义方面，民族和族群之间存在着一种其他形式的集体文化认同所没有的关系。从理论上讲，族群性尽管存在种种问题，但它从根本上有效地解释了民族和民族主义的独特形态和特征的关键要素。从历史上看，我们可以追溯到族群共同体向"民族"转变的一些重要事例，还有更多的案例表明不同族

---

① 参见 Gellner（1983）；Hobsbawm（1990, ch. 2）；Anderson（1991, ch. 1）；Breuilly（1993 and 1996）；Mann（1995）和 Giddens（1984）。

② Hobsbawm（1990, 75）；Gellner（1983, 91, n. 1）；Nairn（1977, ch. 2）。

群的象征元素在随后的民族主义形成活动中发挥作用，或被民族主义所利用。如果忽视过去和现在的族群因素，我们将更难解释民族和民族主义的内涵和吸引力。

除了强调历史的重要性之外，族群性还提供了进入参与者"内心世界"的重要途径，特别是了解由民族引发的强烈的奉献精神。大多时候，从大规模经济或政治因素开始的分析无法解释民族和民族主义的象征性和有效性。为了掌握这些，我们必须探索神话、价值、记忆和象征等文化和象征元素如何为相互理解和抱负提供框架，而这些方法通常（尽管不是唯一的）体现在共同的民族认同感和归属于共同祖先的文化共同体。

4. 精英主义

在族群—象征主义者看来，现代主义有一种强烈的精英主义或"自上而下"的倾向，目前尚不清楚这是否源于他们的基本理论立场。当然，卡尔·多伊奇的社会人口指标研究计划侧重于大量的变量和活动，如城市化、识字率和投票。在欧内斯特·盖尔纳理论的第一版本中，背井离乡的无产阶级与知识分子一起被视为民族主义分裂运动的两个派别之一。但是，在盖尔纳后来的理论中，就像凯杜里、奈恩、布鲁伊利或安德森的模式一样，强调精英或次精英发挥着核心领导作用，而"群众"只是关注对象，或者干脆与他们毫不相干。甚至连批评盖尔纳"自上而下"方法的霍布斯鲍姆也明确表示，他所描述的许多流行的"民族原型"纽带、宗教团体、地区和语言与后来的领土民族主义没有必要联系。①

---

① Anderson（1991，chs 2 and 3）；Hobsbawm（1990，ch. 2）；Hobsbawm and Ranger（1983，ch. 7）；Nairn（1977，chs 2 and 9）；Deutsch（1966）；Gellner（1964，ch. 7）。

相反，正如我们所看到的，新的"微观民族主义"（micro-nationalist）研究侧重于民族主义实践和制度的大众日常表达。这是对现代主义强调精英和官方表现的一种可喜的纠正。然而，对于族群—象征主义者来说，问题不在于分析层面，而在于精英阶层与不同阶层之间的相互作用，以及他们的理想和需求如何相互影响，如何帮助塑造民族认同和意识形态。因此，族群—象征主义者不会为自己的目的而研究日常流行的民族实践，他们更关心的是探究大众信仰、记忆和文化是如何影响精英们的观点和行为的，因为他们首先提出并推广了这个民族的理念。相反地，族群—象征主义者关心的是民族主义精英们的各种想法和提议，在他们寻求动员和授权的特定群体的不同阶层之间引起了多大的共鸣。

5. 冲突与重新诠释

对于现代主义者来说，民族是在现代化的进程中崛起的，这个进程包括工业资本主义、城市化、流动性、民主、现代国家、世俗教育等等。虽然这一进程并非没有问题和困难，但一旦开始，就不会在民族社会的性质和方向上发生根本的间断或冲突。冲突只针对内部或外部压迫者。

在这里，我们需要区分两个版本的现代主义。第一个来自多伊奇、盖尔纳和奈恩，它将民族和民族主义视为现代化曲折进程中的必然结果。例如，在盖尔纳理论的第二个版本中，他看到了在城市工业化过程中，不同肤色和有经典的宗教之间的冲突，因为一些文化群体不能融入新的"高级文化"和民族。对于奈恩来说，帝国主义资本主义的不连续本性必然会引起外围被压迫人民的反抗。只有在约翰·布鲁伊利的描述中，不同派别之间的冲突还是处于核心作用，尽管民族主义运动设法协调、安抚他们各自的不满，照顾大家的利益。在现代主义理论的第二个版本中，冲突被避免或被控制了。

对于埃里克·霍布斯鲍姆来说，精英阶层通过"发明的传统"设法实现对社会的控制，而在安德森看来，精英们通过行政朝圣和印刷品及其提供者的想象力的结合来打造民族。在后来的版本中，创建民族的新颖性被推到了极致，创造变成了"发明"和"想象"——其中精英们的创造力当属第一。①

在族群—象征主义者看来，这些描述忽略了民族内部和民族之间冲突的社会和象征效应。在这方面，现代主义倾向于简化或忽略复杂的民族形成过程，尤其是长期对抗的文化和心理后果，以及相互竞争的民族定义和神话所造成的内部紧张关系。现代主义也未能解释民族神话和记忆是如何从民族文化战争和内部文化竞争中发展起来的，以及为何它们会导致仇恨。正如约翰·哈钦森生动表述的那样，族群性的爆发力常常表现为对移民和外来者的仇外心理，这种爆发力对定期重申历史文化特性至关重要。这也许不太明显，但更重要。因为在重新诠释民族认同的各种过程中，共同的族群性意识也是民族持续存在的核心。在这些过程中，可以选择和辩论各种"我们"的民族历史。将在下一章中涉及这些过程。②

结　论

总之，族群—象征主义者同意现代主义的观点，强调民族是活跃的、有目的性的社会共同体，植根于特定的历史时期，但两者在

---

① Breuilly（1993, ch. 2 and Conclusion）; Anderson（1991, chs 4 and 5）; Hobsbawm and Ranger（1983, Introduction and ch. 7）; Nairn（1977, ch. 9）; 和 Gellner（1964, ch. 7）。

② Hutchinson（2005, ch. 3）论"文化战争"。

民族形成的时代划分和族性角色上存在差异。现代主义者倾向于淡化族群关系，而族群—象征主义认为民族认同和共同体对于民族的形成和维持至关重要。虽然民族可能部分由政治机构塑造的，但从长远来看，它们需要族群文化资源来建立一个团结的共同体，主要是因为主观维度的民族认同至关重要。这也是为什么不能简单地将民族视为精英工程的原因。我们需要理解精英阶层与广大群体中的各个阶层之间经常存在的复杂互动关系，他们可能会寻求从符号、神话和记忆的角度来唤起这些阶层的共鸣。最后，这样一个复杂的过程总是会受到冲突和变革的影响。尽管经济、政治和军事发展非常重要，但对于民族的形成和持续而言，至关重要的因素是内部变革和重新诠释。

第二章 族群—象征主义的基本主题

23 如果我们探究族群—象征主义的主题和关注点，就会发现它的基本前提直接来源于我概述的对现代主义的批判。这些批判的各种要素揭示了族群—象征法关于民族的形成与类型、民族主义的作用以及民族和民族主义的存续与变革的主要动机和假设。

族群的象征性元素

在上一章中，我提到族群—象征主义者所关注的中心问题是需要通过分析象征元素和主观维度来理解族群和民族主义的"内心世界"。约翰·阿姆斯特朗在 1982 年出版的《民族主义之前的民族》（*Nations before Nationalism*）就表述了这些早期构想。在这本开创性的著作中，他认为，族群认同和民族的存续比它们所经历的变革更为重要，为此，我们应该把重点放在将它们与其邻国分隔开的象征边界上。受弗雷德里克·巴特（Fredrik Barth）的影响，阿姆斯特朗认为群体的社会边界比其成员的文化观念和态度更持久。按照现象学的方法，"族群性"可理解为一系列不断变化的态度、情感和观念。因此，有必要从文字、符号、语言、服饰、建筑等象征边界机制、精英们传达象征的方式和嵌入这些象征的持续神话结构等方面来描述族群的持久性。神话、象征和交流——"神话—象征复合体"（myth-symbol complex）为人们提供基本的概念工具分析，分析长时段的族群与民族，并且帮助人们理解神话的核心功能（一个族群政体的系列神话），以确保族群认同的永续存在。①

不久之后，约翰·哈钦森的《文化民族主义的演变》（*The Dynamics of Cultural Nationalism*, 1987）也强调了长期文化因素对解释民族主义运动兴起的重要性。在爱尔兰这样的例子中，我们可以看到两种民族主义运动的平行演变，一种是以国家和主权为导向的政治运动，另一种是文化运动，它更关心族群共同体的道德复兴及建立一个自给自足的民族。在这些情形中，文化民族主义知识分子起着重要的作用，他们通过重新发现古代神话、象征和记忆来界定和复兴族群共同体，并常常与政治民族主义联合行动，或在政治民族主义未能实现其目标时直接替代它。在这种观点中，文化民族主义者与任何以国家为导向的政治民族主义者一样，都是"民族建设者"。②

神话、象征、记忆和价值在我自己的构想中也占中心位置。最初，我关注的是民族主义运动形成中知识分子的各种取向——他们可能是新传统主义、同化主义和改造主义者，以及他们对"科学国家"的宗教所面临的挑战的反应。但是，在《民族复兴》（*The Ethnic Revival*, 1981）中，我开始将民族和民族主义置于更广阔的历史背景中，并像约翰·阿姆斯特朗一样，认为有必要分析他们的长期族群起源。在《民族的族群起源》（*The Ethnic Origins of Nations*,

---

① 参见 Armstrong（1982 and 1995）和 Barth（1969）；参见 A. D. Smith（1998, ch. 8）的讨论。

② 参见 Hutchinson（1987, 1992 and 1994）。

1986）一书中，我采纳了阿姆斯特朗的"神话—象征复合体"的概念，并关注族群（族群共同体）在民族形成中的作用，我认为有必要研究构成它们的个体象征、神话、记忆和价值、巩固政体的神话学家以及为后来的民族形成奠定基础的不同族群——之后将回到这个主题上来。①

所有这些说明，与英语习语中反对将"仅是象征的东西"看作"真实"相反，族群—象征主义者现在认为，文化元素与任何物质或组织因素一样，都是社会现实的一部分。事实上，离开象征主义的社会现实是不可想象的。假如族群—象征主义者强调文化元素，那是为了获得一种平衡，这种平衡被那些将"象征"归为上层建筑甚至贬为附带现象的范式打破，从而不利于对族群、民族和民族主义更全面和更细致的理解。

除了这些一般性的考虑之外，族群—象征主义者认为象征、神话、记忆、价值、仪式和传统等文化元素对于分析族群、民族和民族主义是至关重要的。这有几个原因。首先，这些元素的各种组合在塑造社会结构与文化，在定义和合法化共同体内不同部门、群体和机构之间的关系方面，已经发挥并将继续发挥重要作用。通过这些方式，在危机和社会大变革时期，就像法国、俄罗斯和中国的革命，人们修正或抛弃从前的神话、象征和传统，他们确保了一定的共同意识，即使这种共同意识不算凝聚力。其次，这些文化元素赋予每个共同体在语言、宗教、习俗和制度方面鲜明的象征意义，这有助于共同体成员和外人将这个共同体与其他共同体区分开，并且凸显了他们共同体的形象，加强了共同体的社会边界与外界的对立，正如边界依然继续界定共同体，将"我们"与"他们"区分开。最后，共同的价值、记忆、仪式和传统有助于确保共同体中几代人的

---

① 参见 A.D.Smith（1983, especially ch.10, 1981a and 1986）。

连续性，通过人们普遍接受的集体象征，如国旗、国歌和国定假日，极大地增强了人们的感情，这些象征的含义可能随时间而变化，但形式却相对固定。这些象征在公共文化（public culture）的仪式和典礼中特别重要，它们有助于建立和维持公共纽带和民族认同。①

通过关注"象征领域"，我们有可能在某种程度上进入族群共同体和民族成员以及民族主义运动参与者的"内心世界"，这使我们能够更全面、更平衡地描述这些现象。通常现代主义者的分析只确定有利民族和（或）民族主义兴起的结构条件，但不谈论民族主义意识形态和运动的内容，或者民族的独特形态，又或者可能成为现代民族的人群或群体。为了解决这些问题，我们必须尝试根据不同阶层的人来评估神话、记忆、符号和价值等不同主题的吸引力，以及这种亲密关系的原因，这不仅要考虑他们的物质利益和需求，而且要考虑他们的远见和愿望，以及他们对所采用的概念、民间传统和习俗等的熟悉程度。因此，需要通过探索族群和民族的象征和文化领域来补充结构分析。

这种对象征领域的关注有时被描述为一种"主观"方法，即主要关注人们的感受和态度，排除所谓的"客观"因素。但这与事实相去甚远。目前尚不清楚解释主观和客观因素的固有对立是否具有任何价值，因为这两种维度的许多特征或元素都互有交集。例如，我们应该把"传统"或"地位需求"放在客观范畴还是主观范畴呢？在任何情况下，族群—象征法总是跨越二者之间的（任意）划分界限，它们使用的概念可以同时被视为"客观"和"主观"。对于族群—象征主义者来说，文化（与政治相关的文化）才是中心，

---

① 关于以色列的族群象征，参见 Gal（2007）；一般意义上的象征主义，参见 Roshwald（2006）；关于欧洲民族的象征，尤其是他们的国旗和民族节日，参见 Elgenius（2005）。

而不是主观的态度或感受，并且"文化"的含义远远不止是思想或理想，我将在第六章中回到这一点。

族群基础与核心

正如我们所看到的，现代主义者和永存主义者没有怎么提及族群及其在民族形成中所起的作用。此外，"族群"作为一个相当新的概念，主要局限于对民族国家（特别是美国）内不同少数族群的分析，因此无论在概念上还是在历史上与民族的概念都是截然不同的。相反，族群—象征主义者认为族群人脉关系网（及其族群活动）是民族和民族主义兴起和永续的最重要因素。在他们看来，不同的族群关系构成了许多民族产生的基础和出发点，而族群亲缘感往往以"族群核心"的形式出现在一个多族群的政体中。①

族群关系存在多种形式。我们可以谈到的最简单的形式是族群类别（ethnic categories）：在这里，群体被定义为以一个或多个文化标记为基础的独特类别，文化标记通常指语言、习俗或宗教，其成员没有大家熟知的先祖神话，很少或根本没有团结意识。有时，他们就像腓尼基人或前现代爱沙尼亚人，甚至没有一个自我认可的名称，或者这个名称可能不被固有的其他成员所认可。但是，更积极的族群成员可能会发展并促成成员之间的相互关系网。这些族群联系（ethnic associations）可能产生一些共同的机构，例如在尼普尔（Nippur）的苏美尔城邦或在德尔斐（Delphi）的希腊

---

① 关于占主导地位的族群共同体，参见 Kaufmann 的论文（2004b）。关于西方和外部的少数族群，参见 Glazer and Moynihan（1975）。对于更多的普通读者，参见 Hutchinson and Smith（1996）和 Guibernau and Rex（1997）。

城邦的宗教中心，人们可以在氏族和家庭之间进行定期的贸易活动。族群共同体（ethnic communities），或法语中所说的族群（ethnies），是一种更为复杂和统一的族群形式。在此情况下，我们所谈论的是这样一个共同体：至少共同体的上层社会具有团结意识，其成员除了具有文化标志和共同的记忆之外，还拥有一个能够解释他们同宗同源的先祖神话。这使得我们可以将族群（ethnie）定义为："**一个被命名和自我定义的人类共同体，其成员拥有共同的先祖神话、共同的记忆、一个或多个共同文化元素，包括一块领土，以及至少上层社会之间的团结。**"①

族群—象征主义者强调族群在民族和民族主义的形成和存续中的作用时，并不忽视或贬低经济、社会和政治等其他因素的影响。正如马克斯·韦伯所指出的，政治和政治制度在建立族群关系方面发挥着尤为重要的作用。这一点在长期战争中表现得最为明显。军队的动员、战争对乡村的摧残、战斗英雄的壮举、亲属的牺牲、族群抵抗和扩张的神话与记忆，都有助于界定和明确族群共同体。战争的牺牲和神话在创造相互依存和排他性的意识和情感方面尤为有效，它们强化了共同文化、记忆和同一先祖的神话，并且共同定义了族群共同体的归属感。在这个意义上，当与现有的文化差异相结合时，政治行动就成为族群共同体强有力和不间断的建构来源。这是我要回归的问题。②

我们可以进一步认为政治行动和机构在某些情况下，在建立族群关系和民族认同感方面发挥着决定性作用。例如，在中世纪早期的苏格兰，9世纪和10世纪出现在福斯湾以外的王国，根据其

---

① 关于族群的类别，参见 Handelman（1977）和 Eriksen（1993）。关于族群的定义，参见 A.D.Smith（1986, ch. 2）。

② 参见 Weber（1968, Vol. I., ch. 5 on "Ethnic groups"）；关于战争和族群，参见 A.D.Smith（1981b）和 Hutchinson（2007）。

语言和文化，可以判定当地主要人口是皮克特人和苏格兰人。但可以认为，通过在西部和边境地区增加凯尔特人和盎格鲁人，肯尼斯·马卡宾王朝（dynasty of Kenneth MacAlpin）及其机构在将这个混合群体转变为苏格兰民族的过程中发挥了至关重要的作用。在历史谱系的另一端，在厄立特里亚这样没有单一族群或共同体占主导地位的国家，意大利和英国两个殖民国家长期的霸占划定了领土边界，并在民族主义知识分子中创造了一种初期的民族认同感，尽管这种民族认同感在多大程度上足以在异源人口中创建一个民族还有待观察。①

然而，在所有可以引证的"政治产物"（political creation）的例子中，"族群至上"（ethnic primacy）的例子充斥着历史记录。对于后者，我认为民族不仅仅是在族群关系和族群文化基础上创立的，而是政治行为者和机构依靠族群模式和占主导地位的族群核心人口而建立的。实质上，这就是中世纪和近代早期英格兰和法国的情况。如果没有经过几代人的努力在中心地区实现某种程度的族群和文化同质化，一个强大的国家是否能够在这些领土经过足够长的时间融合以形成后来的英法民族和民族国家，这是令人怀疑的。这意味着，无论族群核心和族群文化最初是如何形成的，它们都将成为进一步发展为政治国家必要的但不是充分的条件。同样的，一旦建立起来，它们可以作为界定世界上人类群体相互关系的模型。从这个角度看，族群文化和族群核心可以看作建构和解读人类世界的手段，尤其是对未知的他人进行分类和界定的手段。②

---

① 关于苏格兰王国的起源，参见 Broun（2006）；关于殖民主义对厄立特里亚的影响，参见 Cliffe（1989）。

② Armstrong（1982, chs 1 and 9）；关于在法国中北部族群神话和文化的基础上建立强大的政体，参见 Beaune（1991）；在诺曼英格兰也有类似的过程，参见 R. Davies（2000）。关于族群核心的理念和用途，参见 A.D.Smith（2004c）。

第二章　族群—象征主义的基本主题

民族的历史性

　　对于永存主义者而言，无论任何历史时期，只要有历史记载的地方就可以在某一领土的某一文化共同体中找到民族。如此宽泛的定义产生很多问题，使得许多被命名的领土文化共同体，如部落联盟、神权政治、帝国、城邦等无法将特定的民族类别与其他类型的共同体区分开。相比之下，现代主义者倾向于将民族限制在一个特定的领土化和自治的法律政治共同体内，多数人以公民的身份参与其中，如现代西方所发生的那样，因此他们不可避免地将民族视为一种固有的现代现象。族群—象征主义者认同他们对民族和民族主义的历史嵌入看法，但不同意他们的限制性定义和历史划分。族群—象征主义者认为，这些特权是西方的经验和理解，而未能公正评价非西方的，或许还有前现代历史的民族多样性。此外，族群—象征主义者指出了在早期，甚至是前现代时期，许多民族的族群血统和族群共同体的持续影响与冲突塑造了现代民族的特征。①

　　显然，我们需要一种将民族类别与其他相关类别区分开来的定义，并且尽可能地避免族群中心主义和任意限定。秉持这种精神，我建议以理想的典型方式将民族（nation）定义为："**一个被命名的、自我定义的人类共同体，其成员培育了共同的记忆、象征、神话、传统和价值，居住并依附于历史性领土或'祖地'（homelands），创造和传播独特的公共文化，并遵守共同的习俗和标准化的法律。**"这

---

① 这一论点的阐述在 Hutchinson（2005）和 A.D.Smith（2008a）要全面得多，也可参见 Dieckho and Jaffrelot（2005，Part I）。

样的定义不可避免地具有约定性，并且在某种程度上与上面给出的族群定义重叠，尤其在命名、自我定义，以及共同符号、神话、价值和传统的培育方面。但这仅仅是为了反映族群—象征主义者所认为的族群共同体和民族之间一种重要且往往密切的关系。另一方面，这个定义的重点更多地转向法律、领土和政治（一般意义上的力量或权力）方面，但并没有抛弃族群因素。这个定义包含这些方面：有人居住的领土、公共文化和标准化的习俗与法律，族群可能单独拥有或共同拥有这些要素，但他们不需要控制这些。①

在方法论上，我们需要区分民族作为一个共同体分析范畴的概念，以及民族作为一种用于描述和列举特定种类与案例的特征的历史形式。民族作为一个社会学范畴的定义，不受时间限制，具有分析用途，因此必定是跨历史、跨文化的，但是民族的具体案例（或民族类型）应被视为共同体的历史形态，该形态可以根据时代、地区或社会政治背景进行描述和分类。这里要强调的是民族的双重历史性（double historicity）：它们根植于非常具体的历史背景和情境，以及它们在成员的记忆和传统中是根深蒂固的。总之，我们将看到，民族往往在很长的时间内通过特定的社会和象征进程的发展及其组合而产生，尽管也有一些重大的例外，特别是在现代，民族的"蓝图"和创建它的方法变得普及。但是，民族也由共同的记忆、价值、神话、象征和传统组成，更不用说其成员的重复活动了。从长远来看，这些不同文化元素的模式形成了一种社会关系的结构和一种文化形式的遗产，为民族共同体中连续几代人的社会化建立了一个框架。因此，民族和民族主义现象都特别适合做历史分析。所以，历

---

① 关于"民族"概念的定义有大量的文献；尤其可参见 Deutsch（1966, ch. 1），Connor（1994, ch. 4）和 A.D.Smith（1973b, Part I and 2001, ch. 1）。

史学家长期以来一直站在这一领域的前沿便不足为奇。①

精英与大众诉求

民族共同体体现其成员的传统、价值和记忆，这意味着我们的分析必须考虑到共同体不同阶层的利益、需求和理想。如前所述，大多数现代主义者的描述都是以精英和他们的民族构想为框架。但这只是问题的一部分。对族群—象征主义者来说，问题在于，民族是如何在精英提议和多数人回应的相互作用中形成的，这些可能会接受、拒绝或重塑这些构想。

这里的关键问题是"选择"和"共鸣"。通常，特定群体细分为阶层和区域，同时还细分为方言、宗教类别和共同体，因此，我们有必要将民族的分类建立在精心挑选的一系列符号、传统、记忆、神话和价值的基础上，这些符号、传统、记忆、神话和价值将在一个异源群体中引起共鸣，或者更确切地说是一系列共鸣。这正是各种早期民族主义学者——语言学家、哲学家、词典编纂学家和历史学家试图在东欧和巴尔干半岛的奥斯曼帝国和哈布斯堡帝国实现的目标。相比那些认为传统是被"发明"的人，族群—象征主义者认为，只有那些在大范围群体引起某种共鸣的象征性元素，才能形成民族政治文化议案的内容。因此，仅仅关注精英阶层的需求和关注点是不够的。正如埃里克·霍布斯鲍姆所承认的那样，要想产生实

---

① 关于历史学家和民族主义的历史嵌入性，参见 Hayes（1931），Kohn（1944，2nd edn 1967），Hobsbawm and Ranger（1983），Breuilly（1996）和 A.D. Smith（1999a, ch.1）。为了更全面地讨论方法问题，参见 A.D. Smith（2008a, ch.1）和 Hutchinson（2008）。

际效果，所选择的传播内容应该与听众"在同一波长上"，而且必须考虑到不同阶层和群体区域部门的相互影响。①

这并不是说为了达到政治目的，民族主义精英就要像埃里·凯杜里那样，只需要利用民众的"返祖"（atavistic）情感。以蒂拉克（Tilak）在早期印度民族主义中使用希瓦吉（Shivaji）邪教和可怕女神卡莉（Kali）为例，凯杜里认为他对印度教徒的操纵是一种"情感误置"（pathetic fallacy），即把统治者的需求和利益与被统治者的需求和利益等同起来（这证实了凯杜里对民族主义的整体负面看法，即民族主义是一种颠覆性的、锡利亚式幻想的意识形态，它会召唤"黑暗之神"来推翻可行的传统共同体，并实现其在地球上完美的疯狂愿景）。这种方法不仅在政治精英和"大众"之间设置了一条鸿沟，而且无法实现由精英阶层或亚精英阶层发起的民族构想被非精英阶层中的各个群体和阶层所修改的双向过程。这样一个双向过程发生在19世纪的希腊，当时，世俗知识分子的希腊构想最先受到其他阶层和机构的挑战，后来该构想结合了非精英人士持有的更为传统的"拜占庭式"正统观念。另一种结果是，精英构想可能会因为缺乏"群众共鸣"而被缩减甚至放弃，20世纪埃及的法老运动就是一个例子。②

这意味着我们需要考虑非精英群体中既存的传统、记忆和象征意义，就像精英群体如果要获得大多数人的追随，往往不得不改变

---

① 参见 Hobsbawm and Ranger（1983，ch.7）；关于东欧和巴尔干地区文学和人文知识分子的作用，参见 Argyle（1976），Pech（1976）和 Anderson（1991，ch.5）。

② 关于他分析的非洲和亚洲的"感情谬论"和对"黑暗之神"的崇拜，参见 Kedourie（1971，Introduction）；现代希腊的两个民族构想，希腊的和拜占庭的竞争，记录在 Kitromilides（1989）和 Roudometof（1998）。Gershoni and Jankowski（1987，chs 6-8）分析了20世纪早期埃及法老运动的理想。

第二章 族群—象征主义的基本主题

自己的想法和象征一样。例如，他们必须为新的"净化"（purified）语言选择最有前景的方言，吸收最普遍的风俗习惯，为政治目的改编众所周知的象征，修改传统价值，并将现有的英雄和圣人神话政治化。的确，在某些情况下，民族主义政权试图建立新的价值、神话、象征和记忆，但是这些东西在大多数人中间几乎或根本没有传播开来，法国大革命期间和19世纪的意大利就是这样。然而，即使是像法国雅各宾派（Jacobins）这样的革命政权，也不得不建立在经过适当修正的前革命宗教象征主义的基础上，然后为了扩大吸引力，他们很不情愿地将其与"罗马"理想结合起来。因此，为了把握民族不同阶层的利益和理想以及精英和非精英之间的相互作用，有必要关注民族的公共文化，即政治象征和理想、公共仪式、典礼和准则。①

公共文化及象征有利于理解精英与非精英对民族塑造的相互影响的意义，也揭示了高度抽象的民族概念成为具体的民族"躯体"（一种有形的、可感知的创造物）被五官所感知的过程。这一体现过程的核心是一种美学政治的兴起，这种政治不仅鼓励各派艺术家去想象，而且去塑造民族。戏剧家、作曲家和视觉艺术家赋予民族独特的个性和形象，创造历史小说、交响诗、历史画、风俗画和风景画等新的艺术类型，在某种程度上是为了唤起和传递与特定时间和地点有关的民族共同体意识。尽管此类产品通常只为精英们所享用，但由于它们在公共领域流通，同时服务于艺术家试图定义和描绘的民族及其公民，因此越来越受大众欢迎。这些形象的受欢迎程度，在一定程度上取决于它们如何反映和体现所

---

① 关于现存的文化材料和意大利复兴运动的新颖之处，参见 Doumanis（2001）。关于法国爱国者使用前革命的象征主义，参见 Herbert（1972）和 Schama（1989）。

描绘的人的价值、传统、象征、神话、记忆和习俗,从而观察和描绘这个民族的特性及其象征和领土边界。在这里,我们可以理解民族形象如何、为何常常根植于族群过去和现存的文化联系中,族群民族主义尤是如此。①

冲突和重新诠释

许多不同领域的艺术家和作家都参与民族形成的进程,这一事实告诉我们,不可能有单一"版本"的民族和它的过去,正如不可能有单一种类的民族共同体或单一的"民族命运"。不同的阶级、等级、宗教团体、区域和民族共同体可能支持不同的版本和对立的民族叙事。这可能会导致意识形态的冲突,因为不同的精英阶层会为民族提出不同的历史叙事和方案。事实上,其中一种可能会在特定时间成为主流叙事,甚至是官方构想,19世纪希腊的古典理想和明治时期日本的帝国主义理想就是这样。但是官方版本经常受到其他族群历史和愿景的挑战。印度的民族主义为这种社会和意识形态冲突提供了一个很好的例子。在印度,中产阶级国大党(Congress Party)的主要世俗叙事和社会主义愿景越来越受到各种宗教组织和政党的"雅利安"(Aryan)印度教民族主义的批判,这些宗教组织和政党吸引了印度人口的不同阶层。在20世纪后期的土耳其也可以

---

① 关于西欧和中欧的审美政治,参见 Mosse(1994)。大卫可能是第一批受委托通过令人难忘的宣誓和殉道者形象来"代表"民族的公众艺术家之一,参见 Herbert(1972)和 Vaughan and Weston(2003)。关于后来的欧洲意象,尤其是雕像,参见 Hobsbawm and Ranger(1983, ch. 7)的论文;关于不列颠群岛的诗歌,参见 Aberbach(2007)。

第二章 族群—象征主义的基本主题

看到类似的冲突，由凯末尔·阿塔图尔克（Kemal Ataturk）建立并得到军方支持的强大的世俗共和民族主义，似乎受到埃尔多安党派中的政治伊斯兰教徒的民族主义的威胁，后者也代表着一个强大的伊斯兰农村腹地，相对而言，这个地区较少受到阿塔图尔克西化改革的影响。①

事实上，大多数民族主义都因冲突而撕裂。这不仅仅归咎于战略和战术的问题，更重要的是民族主义对民族性格、过去和未来的基本看法。这可以从阶级方面来表述，如英国的"诺曼之轭"（the Norman yoke）概念，或者丹麦的社会改革模式和格伦特维格（Grundtvig）的民间高中教高运动。或者，可以通过宗教和世俗主义之间的冲突来实现民族主义，19世纪俄罗斯的斯拉夫派和西方人之间的冲突，以及以色列的社会主义者和宗教犹太复国主义者之间的冲突就是很好的例子。就第二次世界大战前和20世纪90年代的南斯拉夫人而言，冲突呈现出越来越多的种族和分离主义形式，最终导致国家解体。这些例子说明导致民族命运、愿景分歧和民族"真实和预定的道路"分裂的原因是各方理解民族历史、"民族性格"和民族构成的对立立场。准确地说，是民族的人口构成产生了"我们是谁"和"我们在世界上的地位"的问题。②

---

① 关于日本明治天皇的理想，参见 Oguma（2002）；Jaffrelot（1996）全面分析了印度教哲学和政党带来的挑战；另见 Chatterjee（1993）关于民族的不同版本和声音。关于土耳其/奥斯曼历史和命运相互冲突的描述，以及对"土耳其性"的对立理解的深入分析，参见 Cinar（2005）。

② 关于诺曼轭与盎格鲁-撒克逊主义，参见 MacDougall（1982），Jesperson（2004，103-13）分析了丹麦社会改革模式、尼古拉·格伦特维格的大众共同体的概念、民谣和民间高中运动。关于19世纪俄罗斯的亲斯拉夫主义，参见 Thaden（1964）和 Hosking（1997）。Shimoni（1995）对犹太复国主义的种类进行了综合分析。Uzelac（2006）绘制了克罗地亚的崛起图，并分析了克罗地亚的各种民族主义意识形态。

如果说南斯拉夫的案例代表了冲突的最终结果可能会导致历史性族群分裂，那么绝大多数情况下，民族团结的案例要多得多。冲突没有减少，但冲突确实成功地导致改革和（或）革命。在这些案例中，大多数都经历了改革进程，这意味着连续几代人对所接受的传统、记忆、价值、神话和象征进行定期的重新诠释。这可以通过修改现有的民族遗产，或通过摒弃其基本价值来实现。但是，即使在后一种情况下，也有可能通过对民族遗产的一次或多次重新诠释来寻求新的综合体。例如，在英国，帝国遗产及其基础价值大部分被否定，但至少在道德方面，认为英国是世界领导者的观点仍然完全保留。现在帝国已经变成了联邦，在英国人眼里，英国已经成为吸引移民的多元文化的磁石，也是美国和欧洲之间的一座"桥梁"。法国也没有完全放弃它文明的使命，并通过它的威慑力保持强大的地位。在这种情况下，即使在大革命期间或之后，民族共同体的合法性也从未受到质疑，其对自己伟大命运的信念也从未动摇过。①

然而，没有一个民族共同体能够承受变革的压力，特别是在现代，因此不得不放弃许多信念。与此同时，正如约翰·哈钦森所表明的那样，尽管形式有所改变，但是早期的族群关系和情感已得到恢复和更新，并且往往是通过文化战争来应对共同体物质和精神上的周期性挑战。换句话说，面对各种各样的问题，重新诠释意味着复兴和更新，以及改变和拒绝。特别是大规模的移民使古老民族的核心族群重新焕发了活力，使对立族群陷入冲突，或产生更多分裂，并在主导族群内部就民族不断变化的结构和多元文化特征展开了争论。作为"冲突区"（zones of conflict），各民族都很好地适应了变革

---

① 关于法国的"宏伟"，参见 Gildea（1994, ch. 3）。与英国的比较，参见 Kumar（2006）。后帝国时期英国的问题，参见 Kumar（2003, ch. 8）。

和重组。事实上,关于"民族认同"的反复辩论,即使没有增强凝聚力,也有助于提高所有参与者的民族意识水平,因为它们迫使各党派关注民族历史的重要性和"民族命运"对立愿景的可取性。由于各党派争论不休,这些相互对立的愿景使得各民族共同体的成员再一次面临"我们是谁"和"我们存在的目的是什么"等基本问题。①

过去与现在

特别是在危机和变革时期,这种激烈的意识形态冲突日益加剧。民族成员往往认为这些是假定存在的民族创造力和民族辉煌衰落的时期。这就引出了民族的"真实性"问题,并提出至少在精神上回归这个民族的历史早期"黄金时代"来指导当代人的需求。这在构建民族历史宏大叙事时尤为常见,民族的经典时代或黄金时代被建构,还选出了民族英雄和民族圣人。也正是在这个时候,人们才了解并评估自己民族所走过的历程(通常是"走下坡路的"),并在这一历程的各种因素和文本中寻找民族衰落的原因。我们不应该把这些叙事当作发明或虚构,而应当作对族群往昔某些方面的选择性政治阐释,这些阐释可以通过文献或其他证据加以支持。它们与其他更为"客观"的历史读物的不同之处,在于它们公开宣称的道德意义和意识形态。民族历史叙事通过模范英雄和真实故事,把历史

---

① 关于今天西方的"民族认同",参见 Guibernau (2007);比较"(民族)认同"概念的批判,参见 Malesěvić (2006, chs 1-4),和本卷第6章。关于作为"冲突区"的民族,以及族群复兴及其长期后果,参见 Hutchinson (2005 and 2000)。

和命运联系在一起,从而找到扭转乾坤,走出当前民族衰落的"一条真正的道路"。①

由此看来,如果我们要理解这些深刻的意识形态冲突以及伴随而来的民族重新诠释和融合的过程,就必须进行长时段分析。对民族形成和民族命运的研究不能局限于一个(现代)时期,正如几个民族的形成过程不能完全同现代化联系在一起一样。尽管常常可以在 1789 年以来的现代时期找到我所描述的衰落状态和意识形态冲突,但它们源于早期的民族共同体和民族认同感,因此,如果我们要理解这些现象,就必须对族群和民族之间的关系进行一些评估,就像约翰·阿姆斯特朗在他的著作的最后一章所探讨的那样。②

通常,这种关系被描述为重新发现或重新利用。在这种模式下,精英阶层,尤其是知识分子提倡从民族历史的早期或同源的族群往昔重新回归英雄时代。因此,斯拉夫主义者渴望恢复彼得大帝(Peter the Great)的西化改革之前"真正的"旧俄罗斯,并试图重新获得那种已经被现代化官僚体制摧毁的民族融合感,至少获得城市当中的民族融合。无独有偶,许多阿拉伯知识分子,特别是 20 世纪初,埃及的拉希德·里达(Rashid Rida)和穆罕默德·阿布杜(Muhammad Abduh)提倡重新回归先知时代的原始伊斯兰教,实现真正的阿拉伯精神。在邻国伊朗,官方对类似辉煌的族群历史的重新利用是显而易见的。首先,巴列维(Pahlavis)旨在恢复雅利安人的伟大的阿契美尼德帝国(Achaemenid empire),最终于 1975 年在波斯波利斯大流士宫殿(Darius' palace at Persepolis)的废墟中举行

---

① Hosking and Schöpflin(1997)的文章描述了"黄金时代"的种种神话,另参见我在 A. D. Smith(2003a, chs 7 and 8)中对这些神话及其在联系过去与现在方面的作用进行的讨论。

② 参见 Armstrong(1982, ch. 9 and 1995),阿姆斯特朗将民族主义、意识形态和理论的引入视为一个分水岭,标志着一个民族崛起的新时代。

盛大的王权展示。短短几年后，推翻他政权的敌人什叶派毛拉，重新回归 7 世纪阿里和侯赛因（Ali and Husain）的黄金时代，并戏剧性地重演纪念后者的殉难。在每一个案例中，我们都会看到一段重要的族群历史作为黄金时代被"重新发现"，并为现代政治目的重新利用（经常被操纵）。①

现代主义者习惯于描述这种过去和现在之间的单向关系，这种关系如果不是纯粹虚构或可操纵的，就将其贴金为过去的神话化。同理，我们对过往历史的看法，如果不是由当事人的需求、利益和关注点所决定，至少受他的决定性影响。但是这种现代主义的分析，可能阻碍人们理解历史的独立自主性，并通过为我们提供解释自己经历的参考框架来阻止我们看到过去的各个方面如何继续产生影响。如果我们选择不断改变对过去的看法有助于我们形成对过去的连续看法，那么反过来说也是如此：通过比较和对比，以及通过形式的连续性，过去的某些方面有助于我们理解自己的处境。重新发现的族群的一段历史或多段历史创建了边界和框架，我们通过这些边界和框架来了解共同体及其在世界上的地位。这些边界框架还为民族形成以及随后的民族实践提供了文化模式，并推动了对公认的历史经典或标准的效仿，传播了回归共同体"真正本质"的愿望。②

过去和现在之间的连续性是第二种长期关系模式的典型特征。在这里，我们关注文化元素和形式的连续性——礼仪、制度、习俗、命名、景观、风格、语言和其他规范。这些连续性在诸如宗教等领

---

① Breuilly（2005b）发现了民族主义者侵占现代主义"过去"的思想。关于亲斯拉夫者，参见 Hosking（1997，270-75）。Choueiri（2000）和 Suleiman（2003）对阿拉伯知识分子在阿拉伯民族认同感形成过程中所扮演的角色进行了敏锐的分析。关于伊朗革命的根源，参见 Keddie（1981）。

② 关于"现代主义阻碍"的观点，参见 Peel（1989）。关于对族群—象征法利用族群过去的批判性讨论，参见 Özkirimli（2000，ch. 5）。

域中尤为明显，因为宗教仪式和教条的变化往往是缓慢的、渐进的，并持续对社会和政治的各个方面产生强大的影响。尽管技术革新带来了巨大的变化，但我们也发现在景观和建筑遗产中，在许多家庭和政治的仪式中，甚至在重视规则的活动（如语言和比赛）中也存在连续性。从这些正式的连续性中，永存主义者和许多民族主义者得出这样的结论：大多数现代民族根植于中世纪早期，并且其成员的世世代代一直居住在现代疆界的祖地内。对于族群—象征主义者来说，这样的主张就像现代主义者所推崇的时间限制一样毫无根据。有关特定民族的起源和发展的问题，严格地说是根据商定的定义进行实证研究的问题。这既无关先验推理，也无关直觉问题。很有可能是这样的情况：某些制度化的实践和进程早于现代性的开始，这一点可以在少数西欧民族和其他一些民族的文明中得到证明。但是，在很大程度上，与其说是民族的延续性，不如说是族群关系奠定了随后民族的核心群体的文化基础。同样，这也是一个历史判断问题，即这些联系在具体情况下可以追溯到哪一步，以及它对过去或现在民族的社会和文化基础形成的帮助达到何种程度。[①]

民族可能存在于前现代时期，这让我们重回永存主义者关于民族复兴的主张，并向我们展示了约翰·阿姆斯特朗关于族群认同和民族的象征性历史。但是，认为民族是领土和社会组织的一种复兴形式的观点，需要谨慎对待，因为它带有"追溯民族主义"的色彩，并假定了必须证明的东西。我认为，我们就能够展示的是某些族群维度和元素的重现，比如共同先祖的神话、族群神选的信念、无处

[①] 关于民族主义者使用历史的猛烈抨击，特别是在后罗马时代的"黑暗时代"，尤其是在德国，参见 Geary（2001, ch.1）；尽管这使得中世纪晚期的未经考证的文献资料更加翔实，也更加可信，参见 Scales（2000 and 2005）。

不在的族群景观（ethno-scapes）和黄金时代的记忆。尽管只是在一定程度上，而且经常伴有较大的破裂，但这些主题贯穿了各族群和民族的文化史，并可能与各个时代不同的族群和民族构成有一定的联系。更重要的是，这些族群元素可以提供必要的文化"材料"，并在有利的环境下创建现代民族可以形成的节点。①

民族的文化史

族群的一段历史或多段历史与民族现在的关系，无论以重新利用、延续或重现的任何形式呈现，都是族群—象征主义所关注的核心问题。这就是长期的历史分析对于民族和民族主义的特征、形成和存续的研究是必不可少的原因，也是现代主义者坚持研究单一的现代时期的做法显得过于局限和武断的原因。即使我们承认所讨论的民族共同体只是在现代才出现，但是如果我们想为民族独特的文化特征以及民族有别于其他共同体的地缘文化位置提供一个更令人满意和自圆其说的解释，我们仍然需要探索族群和文化的前身及其成员所关注的社会和象征共同体的模型。

因此，族群—象征分析的主要理论任务是提供一种可作为历史文化共同体的民族的文化史。我指的是通过这种方式，对特定地区和（或）政体中连续的社会、文化自我形象、认同感、意识形态冲突和文化意义上的群体的社会变迁进行探究。尤其是在但不仅限于现代民族主义时代，这些自我形象、认同、冲突和变迁源于某一地区、群体和（或）政体内不同阶层、宗教团体和族群相互竞争的文

---

① 所有相关论述，参见 Armstrong（1982）。但请参考 Breuilly（2005a）对这种联系或影响的攻击。

化和政治构想的相互作用，以及外部群体和事件的政治影响。这在很大程度上还要归功于不同类型的独特公共文化——等级制度、契约制度和公民共和制度，这些都源自古代世界的公共文化模式，从中世纪后期到现在，这些模式在历史上塑造了越来越多"民族"共同体的社会和政治成分。由于这些复杂的因素和模型的相互作用，我们通常会发现，在任何时候特别是在危机和衰退时期，都有两种或两种以上的国家命运观在争夺政治影响力，这使共同体成员回归不同的黄金时代和公共文化类型，并提出不同的甚至是对立的民族复兴构想。这种情况可以通过放弃个别相互竞争的构想来解决，也可以通过一种或另一种革命来解决，或者通过一个社会文化改革和道德复兴的过程来解决，这通常涉及对公认的传统的选择和重新诠释的某种综合。①

这些想法使我们能够绘制出族群—象征法解释民族和民族主义的阶段，这点我将在后面详细阐述。亲属关系、文化和政治行动的相互作用形成民族的基础，一个民族的文化史首先要追溯其形成的社会和象征过程；其次再来区分不同类型的民族共同体、不同的民族形成路径和连续周期；再次，民族文化史将探讨各种民族主义作为一种意识形态运动，在动员群众和塑造不同民族方面所起的作用，以及民族主义知识分子和专业人士在这一进程中所起的作用；最后，这将引起对各民族，特别是现代世界中的民族的持久力和变革力的探索。这种探索需要分析民族的基本文化和宗教资源以及精英之间的冲突，这些精英提出了不同的族群—历史叙事，并且提出为"人民"实现民族复兴、改变"民族命运"但常常遭到反对的构想。

---

① 关于三种不同的公共文化更全面的讨论，参见 A.D.Smith（2008a, chs 4-7），另见 Hutchinson（2005, ch.3）关于民族"文化战争"的讨论。

因此，这奠定了以下三章的基础——第三章专门讨论民族的形成，第四章专门讨论民族主义的作用，第五章专门讨论民族的存续、变迁和资源。再次强调这种方法的优点和局限性是很重要的，它绝不是要取代标准的现代主义解释。相反，它立足于象征和社会元素，力求补充并在必要时修正现代主义者提出的主导地位的政治和经济模式。换句话说，它的目标是在传统叙事所遗漏的地方继续前行，并提供传统叙事忽略的文化和象征维度。人们常常会有这样一种感觉：许多现代主义者从未达到他们的目标，因为他们未能进入民族共同体成员的"内心世界"。正如族群—象征主义所提倡的，这就是一个民族的文化史想要实现的目标。

第三章 民族的形成

41 　　族群—象征法的主要目标，如现代主义和永存主义者的叙述，是解释民族的性质、形成和存续，以及民族主义在历史中的作用，尤其是在现代世界中。在本章，我将讨论与民族形成有关的问题。

民族：话语与现实

　　但是，为什么是民族呢？我们为什么要首先谈论民族？这是罗杰斯·布鲁贝克在1996年提出的问题，当时他批评了将民族和族群视为真正的群体，以及视为同质、稳定和持久的共同体的传统观点。围绕"民族"这一主题，我们该寻求解释的是民族主义实践的类型、制度化文化和政治形式，以及"民族属性"的偶然事件，而不是寻求解释将民族作为一个固定和实质群体的想法，这种想法经不起分析。我们应该先抛开民族概念的实质性群体特征，思考"没有民族的民族主义"而不是没有民族主义的民族。布鲁贝克以20世纪20年代的苏联民族政策为例，指出该政策如何在一系列政治框架的等级制度中创建和制度化族群共同体和民族，从自治区到有名无实的族群共和国，如阿塞拜疆共和国和哈萨克斯坦共和国。苏联的政策和国家实践构成了一种普遍的社会分类体系,即社会世界的组织"视觉与分割原则"。因此,当苏联体系瓦解时,"民族属性"(nationness)的偶然事件在后继国家中引发了一场斗争,不是民族之间的斗争,而是制度所塑造的民族精英之间的斗争。①

这样一个大规模的反本质主义(anti-essentialist)分析案例可能很有吸引力,但是族群—象征主义者并不是唯一认为这种激进的极简主义有可能将婴儿连同洗澡水一起倒掉的人。首先,如果目的是避免一种具体化的民族概念,那么同样也必须适用于国家这个概念。在这种情况下,那些组织机构尤其是国家,也同样有成为它们自己目标的危险。此外,这种分析对国家在民族形成过程中所起的作用提出了一种略为简化的看法。即使是在苏联,精英们也以一种准赫尔德式(quasi-Herderian)的概念运作,即民族是族群语言群体,尽管有时会被"淹没",不受认可。苏联的民族学家有责任纠正这种情况,并在政治等级制度中为每一个这样的群体分配适当的位置。在其他情况下,民族形成的族群基础更加显著,特别是在 19 世纪的东欧和 20 世纪的非洲、中东和亚洲部分地区的分裂运动中,例如,在埃维人(Ewe)、巴刚果人(Bakongo)、库尔德人(Kurds)、锡克教徒(Sikhs)和泰米尔人(Tamils)群体中。虽然不同的政体、原住民和殖民地明显地影响和限制了共同体的性质及其族群民族主义的运作,但不能说它们创造了这些共同体,更不能说它们构成了这些共同体的理想、利益和行动者。②

还有一个更根本的反对意见。建构主义和话语分析的反本质主义主旨,未能公正地对待那些使民族和民族主义成为现代世界重要

---

① Brubaker(1996,especially p. 24,and 2005)。

② 关于苏联民族政策,参见 Connor(1984),G. Smith(1990,chs 1 and 2)和 Brubaker(1996)。关于苏联"族群"的理论民族志,参见 Bromlei(1984)。

部分的方面，即未能继续影响数百万男女的心灵和思想。尽管我们的分析类别必须尽可能地与大众看法不同，但正如布鲁贝克明确指出的那样，分析类别必须能够解决作为民族标志的强大情感、意志和想象。也就是要落实到内容，而不仅是形式、空壳。对于民族成员来说，民族是认知、情感和归属感的真实共同体；对于分析者来说，民族甚至也必须被理解为权力和威望的共同体，在马克斯·韦伯的提法中——民族甚至可理解为冲突共同体。我们不需要为了观察民族新承载的真实感受、生活、意愿以及民族带来的影响而赋予民族"本质"，也不需要把它们看作是稳定的，甚至是固定的和内部同质的。正是这些作用产生的真实而持久的影响，说服了如此多的学者把民族，无论它们会出现什么问题，都当作"真正的共同体"，而不是纯粹的散漫形式。因为民族可不仅仅是"纸上谈兵"，人们在诸多场合还体验到它富有象征性的感知、意志、影响力和再现。虽然民族的概念可能看起来是对想象的高度抽象，但它的符号、意象和仪式传达了一种紧密团结的共同体意识，这种意识能够要求其成员作出最终的牺牲。①

民族和民族主义

如果将民族视为真正的共同体，那么民族如何与民族主义、意识形态和运动联系起来呢？是不是如同欧内斯特·盖尔纳的名言所

---

① 韦伯对民族的简要分析是在其"权力结构"的标题下进行的（1948，171-79）。Calhoun（1997）提出了"民族是一个话语结构"的观点。关于民族的概念如何被谈论、选择、消耗和象征性地重新实施的各种方式，参见 Edensor（2002）。关于民族作为流血牺牲的机制，参见 Marvin and Ingle（1999）。

阐释的那样，民族主义"在它们不存在的地方发明了民族"？对许多现代主义者来说，民族主义在历史和社会逻辑上都先于"民族"。如果民族主义是现代性的产物，那么民族最早可以追溯到18世纪末。毕竟，是民族主义者通过动员其成员并赋予他们民族凝聚力，使这个民族得以形成。这就如卢梭所说的，古代三大立法者之一的摩西，就像斯巴达的莱克格斯（Lycurgus）和罗马的努玛·庞皮利乌斯（Numa Pompilius）一样，通过出埃及成功与犹太民族形成了紧密关系：

> 第一位立法者（即摩西）构想并执行了一个惊人的计划，从一群可怜的逃亡者中建立一个民族……他们像一群陌生人在地球上游荡，没有一寸属于他们自己的土地。摩西大胆地在这个漂泊的奴隶部落中建立了一个国家，一个自由的民族……

同样，现代民族主义者通过教育、艺术、公共仪式和庆典，把早期的人口塑造成一个有组织、有凝聚力的"民族"。他们举出东欧和亚洲部分地区以及撒哈拉以南非洲的前殖民地中"民族建设"的例子，在这些地方，我们可以公正地谈论"没有民族的民族主义"，尽管在那里，民族建设构想将取得多大的成功仍有待观察。①

但这仅仅是故事的一部分。在概念的纯粹意义上，民族必须具有优先地位，因为民族主义寻求区域历史文化的自治、统一和同一

---

① 关于卢梭对摩西、莱克格斯和努玛·庞皮利乌斯的看法，在他1772年的《论波兰政府》（第2章），参见 Watkins（1953, 162-67, at 162）。在这里，摩西被认为是一个"建构主义者"，尽管此前算不上一个现代主义者！Gellner（1964, ch.7）阐述了现代主义的观点，即民族主义"在不存在的地方创造民族"，虽然这一提法并不排除某些民族先于民族主义而存在的可能性，并为后来的民族主义者建设民族事业树立了榜样。

性，即共同体预设了民族理念。更重要的是，许多东欧和亚洲国家是围绕已有的族群或族群关系网创建的，无论是在波兰、匈牙利、斯洛伐克和芬兰，或者以主导族群为基础建立的国家如伊朗、斯里兰卡、缅甸和越南，正是这些族群关系构成了后来民族的基础。主导族群的象征、记忆、传统和神话，为这些新的民族国家提供了它们的公共文化、象征符号和剧目以及许多法律和习俗。而上述这些族群遗产也让讨论更具有历史深度，因为这些族群遗产表明，民族不是简单地由一两代现代民族主义者创造出来的，而是长期逐步建立起来的，基于先前存在的文化和政治联系。①

诸如此类的考虑增加了"前现代民族"的可能性。毕竟，如果民族是长期形成的，那至少在现代化到来之前，我们有望追溯到一些民族的起源。除非我们把民族的概念简单地等同于"现代民族"，否则我们可以接受中世纪甚至古代关于民族的观点。当然，族群—象征法采用了我在第二章中概述的民族的理想型定义，所以能接受这种可能性，即使实际上这一方法只适用于揭示那些关键的社会和象征过程的发展情况，并因此接近理想的民族类型。②

我很快就会谈到以上这些过程。我只想指出这样一个事实：许多中世纪历史学家最近提出，可以将某些西欧人特别是英格兰人，合法视为组成前现代民族，当然是指在中世纪晚期之前，即使在少数情况下也不会更早。某些古代历史学家甚至特别指出了一些"古代民族"和古代共同体的罕见例子，如古犹太和早期信奉基督教的

---

① 关于知识分子界定民族范畴的步骤的分析，特别是在哈布斯堡帝国，参见 Argyle（1976）。关于东欧民族的起源，参见 Hroch（1985）和 Sugar（1980，尤其是 Hofer 的文章）。Tønnesson and Antlöv 的论文（1996, especially that by Winichakul）分析了亚洲民族形成的相关因素。

② 关于对前现代民族概念的有力驳斥，参见 Breuilly（2005a and 2005b）。Kumar（2003, chs 3 and 4）也类似地否定任何中世纪的英国民族。

亚美尼亚，它们展示了理想型的关键特征。①

此处并非讨论他们争论的细节。只要指出现代、中世纪和古代历史学家对"民族"的概念有不同的理解就够了，对于不同种类民族的描述也各异。与此同时，必须将族群—象征分析与阿德里安·黑斯廷斯等学者的永存主义区分开来，他们认为，不仅民族，就连民族主义也是前现代的。对阿德里安等学者来说，"民族主义"只是一种对威胁的防御性反应，等同于"民族情感"或意识，而不是民族自治、统一和认同的意识形态和运动。毫无疑问，民族主义意识形态的一些要素可以追溯到18世纪以前。但是，除了少数例外，直到18世纪中叶对真实性的崇拜兴起，它们才作为一种强有力的意识形态运动汇集到一起；因此，我们可能认为，民族主义是在某些不同类型的民族和民族认同出现之后出现的，而这些民族和民族认同实际上为其在西方的吸引力奠定了最初的基础。②

---

① Grosby（2002，ch.1）分析了亚美尼亚和古代的犹太案例。另见 Goodblatt（2006）探讨了古代犹太民族主义和民族的因素，Roshwald（2006，ch.1）为古老的雅典民族辩护。关于古代地中海世界的深入概述，参见 Garman（2007）。Mendels（1992）也谈到了希腊和罗马世界中的"政治民族主义"，但他把这种族群政治观和情感与现代民族主义区分开来。关于中世纪欧洲民族的可能性，参见 Smyth（2002）的文章，以及考虑到与现代民族的重大差异，参见 Reynolds（1984，ch.7 and 2005）。关于法国案例，参见 Beaune（1991）。英格兰经常被认为是中世纪民族中最典型的例子；毫无疑问，盎格鲁-撒克逊王国在当时是一个强大的国家，被 Wormald（1984）和 Foot（2005）视为一个民族，尽管又一次与现代民族的意义不同。关于与诺曼英国相似的方法，参见 Gillingham（1992 and 1995）。

② 参见 Hastings（1997 and 1999）。关于"民族日"的不同争论，参见 A.D.Smith（2008a，chs 4 and 5）。

族群形成的过程

如果民族主义接替了这些早期民族，我们如何解释民族的形成呢？这个问题需要社会学和历史学方法。在此，我将重点放在社会学基础上。对于族群—象征主义者来说，第一步是寻找这个民族的"族群核心"（ethnic core），追溯其社会和政治根源，因为他们认为民族具有一定程度的文化统一和独特性，而这种文化统一和独特性反过来又从民族团结的信念中汲取了许多力量和持久性。

不言而喻，正如第二章所论述的那样，族群关系网和共同体与其他类型的文化共同体和集体有着相同的变迁，因此，族群形成也具有类似的复杂偶然性因素，和任何其他类型的共同体一样，受到同样的社会、政治和文化影响。然而，用沃克·康纳的话说，"族群"与其他文化共同体的区别，在于对"祖先亲缘关系"（ancestral relatedness）的共同信仰，尽管这可能是虚构的。这要求我们根据关键的社会和象征性进程，记录下各族群或族群共同体的起源和发展，这些进程支持成员之间建立对祖先亲缘关系的信念。这些进程包括：集体的命名、族群相对于外界的边界定义、族群的起源神话以及象征性的培养活动。①

群体成员从"不知道自己是谁"到"知道自己是谁"的过渡期，赋予一个集体专有名称（proper name）的行为对族群形成至关重要。

虽然地名和姓氏可以用来区分群体，而且是集体相似性和差异

---

① Connor（1994，ch. 8），对于康纳，这种信念也体现了他认为具有族群群体自我意识的民族特征。

性的最初可见标志之一,虽然文化相似性谈及了独特性,但文化相似性本身并没有族群共同体意识。我提到了腓尼基人的案例,腓尼基人是黎巴嫩沿海城市说迦南语的居民,该地区有紫红色燃料,因此他们的商业竞争对手希腊人将其归类为"紫红色的人"(phoinikes)。然而腓尼基人只知道《旧约》中出现过的亚珥拔(Arpad)、比布鲁斯(Byblos)、推罗(Tyre)、西顿(Sidon)等地,也只会谈论这些地方的居民。虽然"腓尼基"城邦的成员确实有共同的文化和宗教活动,但他们没有共同体意识或政治团结,也没有任何理想,而且似乎也没有属于他们自己的集体专有名称。居住在俄罗斯南部平原的中世纪和近代早期的乌克兰人,以及居住在邻近喀尔巴阡山脉(the Carpathian mountains)山谷中的斯洛伐克人,情况也大致相同。只有赋予一个集体专有名称、突出其各部分的统一性,并且该名称被人们广泛接受时,一种独特的族群认同感才会油然而生。①

但命名只是一个开始,不能从更广泛的过程中抽象出来,同时它也绝不是族群共同体形成过程中唯一起作用的族群—象征。同样重要和密切相关的是,通过划定边界而产生的集体自我定义感(collective self-definition),即使不是对邻国和其他民族的普遍怀疑和敌视,也往往是对其进行区分和排斥的结果。在这个长期的过程中,象征主义,尤其是语言起着至关重要的作用。无论是通过手势、语言还是标志,能够与同一群体的人轻松沟通,却与其他群体的人很难沟通或根本没有沟通的能力,无疑会培养一种有界

---

① 关于腓尼基人和他们缺乏一个共同的专有名称,参见 Ap - Thomas(1973)。并且,更重要的,参见 Routledge(2003):腓尼基人的各个城邦都有类似的文化习俗和语言,但没有宗教或政治团结,也没有民族凝聚力意识。关于斯洛伐克人,参见 Brock(1976)。关于近代初期乌克兰人及其与俄国人的错综复杂的关系,参见 Saunders(1993)。

感和差异感。但是，这种"他者"（the Other）的感觉本身并不足以形成和维持一种长期的社会边界，这种边界可能使特定群体的共同族群感具体化。只有战略精英和广大人民群众不断采取行动，才能取得这样的效果。冲突在这方面的效果尤为显著，尤其是由于长期战争而加剧的分歧。战争不仅常在极端情况下动员了共同体的大部分人，而且涌现出了许多战斗的神话，带来了英雄主义和集体牺牲的事例，供后代仿效。我们发现长期冲突常常发生在两个共同体之间，它们的敌对关系延续了几代人，就像几个世纪以来激烈竞争的商业对手威尼斯人和热那亚人的情况一样，而最近法国和德国之间的政治冲突不久前在普鲁士的努力下和解了。其结果是象征性边界的强化和生动的集体自我定义感的发展。①

共同先祖神话（myths of common ancestry）的出现揭示了共同体意识的另一面。战争中特有的抵抗和危险的共同性反映在对共同祖先的普遍信仰上，因此共同体意识成为一个扩展的"家庭家族"（family of families），尽管其基础实际上可能是牵强的。虽然神话明确指出混合族群的起源，如著名的罗马神话中萨宾人和罗马人的混合，或者后来英国神话中，中世纪和现代早期英格兰盎格鲁-撒克逊人和诺曼人的混合，但至少在精英阶层，对共同起源和血统的共同信仰正在逐渐发展和具体化。这有助于解释和证明经常涌现的强烈的集体命运感。尽管内部常有不和，但这种信念在反复提及的宗谱关系中得到体现，这种宗谱关系通过对同名先祖的共同崇拜来约束世代。在这里，宗教可能是强有力的支撑。宗教精英经常以他们的

---

① 关于战争、族群和民族主义，参见 Howard（1976）和 A. D. Smith（1981b）。尤其是 Hutchinson（2007）有启发性的文章。关于威尼斯与热那亚的关系，参见 Norwich（2003, chs 18 and 19）。

神圣文本、礼拜仪式和庆典来帮助巩固这些普遍的信仰和情感。更普遍的说法是，宗教信仰和仪式是保持共同起源和先祖意识的模具，如荷马史诗或伊迪克传说那样，将共同起源祖先意识与神灵和英雄联系起来，或使祖先成为神的意志的例证，从而使共同起源的共有神话神圣化和合法化。①

矛盾的是，人们常常提到多元的共同起源神话倾向于促进族群形成，因为强大的家族或氏族试图将他们共有的起源神话版本强加给其他氏族，这就通常导致起源神话的复杂组合（如果没有融合的话），通常以编年史或史诗的形式出现在贵族或富人的宫殿吟诵中，就像荷马史诗或伊迪克传说一样。古希腊的情况尤其复杂。在不失去族群差异感的情况下，古代希腊人的各个分支通过一系列相互重叠的血统神话连接在一起，编织在大家族的婚姻中，在后期，回顾荷马史诗成了泛希腊人相对于非希腊人身份的象征。在后来的时代，正如我们将要看到的那样，不同起源神话之间的冲突，标志着一些民族间的重要分歧，这些民族的成员将他们民族的起源追溯到更早的族群。②

竞争和冲突并不局限于共同起源的神话，它们渗透到整个象征性培养的领域，从而有助于提升一个独特的自我形象和加强共同的族群意识。"象征性培养"（symbolic cultivation）涵盖了广泛的民族记忆、符号、价值、神话和传统，这些很多源自本土，但其中一些

---

① Fraschetti（2005）和 Garman（1992）探讨了罗马神话的起源，Kumar（2003，ch. 3）对吉尔达斯、比德和蒙茅斯的杰弗里的英国起源神话持怀疑态度，同时可参见 Howe（1989）。关于冰岛和北欧神话，参见 O'Donoghue（2006）。

② 对希腊血统和起源神话的性质和功能的深入分析，参见 Finkelberg（2006）。Magnusson（1977）和 O'Donoghue（2006）在其历史背景中描述了古冰岛传奇。

可能会被专业精英采纳和改编，作为共同象征性财产或遗产的一部分，尤其是（但不仅是）当它们得到国家或教会机构的支持时。英雄和战争的记忆、婚姻和葬礼的传统、服饰的象征、符号和语言、移民和解放的神话，以及圣德和英雄主义的价值观都可以在共同的象征财产中找到一席之地，由传播者保存下来，并经世世代代在共同体中发扬光大。如果这一财产被编成法典并写入法律、戏剧或宗教文本时，它就可以获得权威地位，并在后代中发挥指导作用，就像犹太散居侨民的《妥拉》和《塔木德》，以及阿拉伯穆斯林的《古兰经》和《圣训》一样。通过这种方式，对共同体象征遗产的反复培养、改编、扩充和重新解释不仅塑造了一种共同的族群意识，而且有助于在全新或预料之外的环境中保持和加强这种意识。①

象征性培养的前提是出现一个专业传播者的阶层，他们具有选择、解释和将共同遗产元素应用于新环境的技能。一般来说，我们发现这样的阶层出现在教会或国家机构的背景下，在这些机构中，算术、读写和档案技能对经济、政治和宗教事物至关重要，同时祭司和文士在各种各样的活动中变得不可或缺。然而，甚至在口头文化中，一些经常出入贵族住宅的吟游诗人和宫廷乐师也掌握了传播象征遗产所必需的交际技巧，就像中世纪早期的爱尔兰和威尔士一样。我稍后会再提到这些文化专家在民族存续方面的作用。②

---

① 关于"典型的"流亡者，特别是亚美尼亚人和犹太人，参见 Armstrong (1976 and 1982, ch. 7)。关于《妥拉》在犹太人中的角色，参见 Schwartz (2004)；关于阿拉伯人的《古兰经》和《圣训》，参见 Suleiman (2003)。

② 关于中世纪威尔士的吟游诗人比赛，参见 Morgan (1983)。

民族形成过程

从族群—象征的角度来看，民族可以被看作具有名称和自我定义的共同体，其成员培育共同的象征、神话、记忆、价值和传统，居住并依附于历史上的领土或祖地，创造和传播独特的公共文化，遵守共同的习俗和标准法律。从社会学的角度来看，这意味着从定义上，民族的反复形成和改造，至少一部分是基于族群形成的象征过程，如命名、边界界定、起源神话和象征培养等。但这只是部分原因。这些过程本身并不能构成一个民族，一个民族还需要其他社会和政治进程。

其中，或许最重要的是领土化（territorialisation）。从定义上讲，民族是领土化的共同体，也就是说，共同体的大多数成员都居住在一个具有历史意义的领土或祖地，并对其产生强烈的依恋。在某种程度上，正如史蒂芬·格罗斯比所指出的，这源于人们重视生育、出生地以及由出生地产生寄托思想。但这也与通过创造象征边界的自我定义过程有关，这一过程形成了所谓的跨地区的、有边界的领土。这些空间逐渐成为共同体的居住地，这些共同体的经历和独特认同感在一定程度上是根据他们历史祖地的特征在几代人的时间里塑造出来的，创造了一种"族群景观"，在这种景观中，民族及其祖地之间的共生关系变得越来越紧密。①

在进一步的发展中，人物、战争、集会等的历史记忆与祖地熟

---

① Grosby 的论点在 Grossby（1995）中得到了最充分的阐述，虽然他所有的作品都是如此；另见 Grosby（2006）。关于"族群景观"的观点，参见 A.D. Smith（1999a, ch.5, and 1999b）。

悉的故土风格紧密相连,而这些又成为共同记忆的内在属性。如果共同体因此被"自然化"并成为其环境的一部分,那么故土景观就会反过来被"历史化",并带上该共同体独特历史发展的印记。通过这些过程,记忆和依附的领土化创造了一种概念,即祖地与特定民族紧密联系,反之,一个民族与特定的族群景观是分不开的——就像荷兰人逐渐与他们的灌溉平原和圩田相"融合",而瑞士人也逐渐与他们的高山和溪谷相"融合"。①

但领土化进程可以走得更远。随着围绕主要族群建立的中央集权国家的发展,一个紧密、统一、领土独立的民族的理想成为国际准则。18世纪晚期,随着"自然边界"民族主义概念的提出,民族认同的地理格局由此形成。这一点有时与民族地理实体隐喻不谋而合,通猜·威尼差恭(Thongchai Winichakul)以19世纪暹罗人为例进行的分析颇具启发性,那时的暹罗人被迫用西方领土术语重新定义其传统的神圣概念。其结果就是所谓的"空间僵化"(hardening of space):人口不仅占据了整个祖地,而且相对于其他不可侵犯且具有监管边境的民族领土,祖地被视为一个单一的、未分化的统一。②

这种统一不仅是僵化空间的产物,也是共同习俗和标准化法律的产物。就其本身而言,法律和习俗并没有把民族与任何其他类型的共同体区分开来。但是,一旦其他进程汇合起来,推动一个共同体朝着理想的民族类型迈进,那么共同的习俗和对标准化法律的遵

---

① Schama(1987, ch.1)分析并说明了17世纪荷兰土地景观对荷兰历史和精神的影响;而Zimmer(1998)则追溯了人们对阿尔卑斯山景观日益增长的兴趣是如何影响瑞士民族认同感的。

② 关于19世纪的暹罗,参见Winichakul(1996)。Giddens(1984)将边界与现代边界区分开来,但这种区分并不像他可能认为的那样清晰。关于"空间僵化",参见A.D.Smith(1981c)。

守就为在广大人民中创造统一和团结感提供了强有力的保障。在一定程度上，风俗习惯变为共有，且法律在民族领土和主要族群范围内统一，但与其他民族不同，这些习俗与法律的作用不仅使民族共同体的成员区别于外人，而且使他们具有团结友爱的感觉，就像后来的妇女联谊会的感觉。

但是，要使法律和习俗产生这样的效果，一个民族不就应该有自己的国家，或者一个国家不就应该塑造自己的民族吗？从历史上看，这两种情况都太常见了。但也有一些显著的例外。有些民族没有自己的国家，比如苏格兰、加泰罗尼亚、魁北克、库尔德人和泰米尔人，或者过去的波兰人、希腊人、犹太人和亚美尼亚人。在后一种情况下，宗教在民族范围内合并风俗习惯以及在批准和规范法律方面发挥了重要作用。这一点在离散的犹太人族群中表现得特别明显，尽管存在地方性差异，但是教会当局为解释共同的《圣经》文本及其法律提供了一个框架，并为各种离散的犹太人共同体提供了共同的法律机构和程序。因此，在没有国家的情况下，宗教机构可能成为一起遵守共同习俗和法律的守护者和源泉，并创造一种强烈的族群凝聚力，这种凝聚力在有利的情况下可以转移到新兴国家。①

宗教也可能为一种独特的公共文化提供基础和象征。这一公共文化指一系列公共仪式和庆典，如独立日或纪念日，一些公共象征，如集会大楼、国歌和货币，以及各种公共符号——着装、手势、形

---

① 关于"没有国家的民族"的案例，参见 Guibernau（1999）。Breuilly（1996）认为，如果没有像国家这样强大的机构，民族认同感是具有局限性的，是短暂的。但这是为了忘记宗教在前现代时期普遍存在的作用和传统的力量。有关这种权力的例子，在相对缺乏"硬"制度的情况下，参见 Armstrong（1982，ch. 7）关于千禧年亚美尼亚和犹太流亡共同体的论述；关于东欧的犹太人案例，甚至被沙皇剥夺了社区委员会的权利，参见 Bartal（2005）。

象、音乐、姓名和文字。特别重要的是，以玛丽安（Marianne）、布列塔尼亚（Britannia）和日耳曼尼亚（Germania）等女性人物为代表的祖地的性别政治象征的创造或改编，以及识别和区分一个民族共同体与远近其他共同体的独特旗帜和横幅。创造和传播由这些因素组成的独特的公共文化，标志着朝民族共同体方向迈出重要一步，但仅凭这一步本身并不足以把一个民族与其他类型的共同体区分开来。完整的民族的产生需要发展和融合民族形成的其他社会和象征性过程。①

尽管如此，它对整个民族的影响是深远的。没有什么比感人的庆典、反复举行的仪式、吸引人的政治象征以及群众集会时精心编排的音乐和图像对集体成员产生的影响更大了，尤其是当这些与民族的意识形态相联系的时候；也没有任何更有效的方法来约束共同体成员，并将他们与其他群体区分开来。这些象征性的事务对民族主义者的价值是不可估量的。但值得铭记的是，城邦、王国和帝国都曾为了将其共同体与其他共同体区分开而试图创造一种公共文化，人们会想到古代美索不达米亚帝国的新年庆典，以及象征着威尼斯与大海联姻的表演和仪式，这是威尼斯独特的地方。然而，现代民族主义者却普遍倾向于根据民族自治、统一和认同的理想，创造自己的公共文化类型，即使在最激进的情况下，他们也借鉴了早期宗教或政治模式的元素，以创造意识形态化的民族大众公

---

① 关于性别与民族主义，参见 Sluga（1998）和 Yuval-Davis（1997）。他们遗憾地注意到，在处理民族和民族主义的大多数方法中没有性别方面的内容。关于这一点，参见 A.D.Smith（1998, 205-10）。关于法国玛丽安的例子，参见南岸中心（South Bank Centre）的文物（1989）。

共文化。①

列举这些社会和象征性进程，我并不是为了说明只有通过一系列特定的发展才能建立特定的民族，或者说从一个族群到一个民族的转变不可避免——我将在第六章回到这一要点。从历史上看，民族形成的方式多种多样，我们将看到，它们也需要民族主义意识形态和运动的推动与指导。此外，从社会学的角度来看，在民族的形成过程中，我们必须区分不同的起点和不同的路径，而这些不同的起点和路径又产生了不同类型的民族。我现在就将话题转向这些起点和路径。

民族形成的路径

在区分各种各样的起点和路径时，首先，要区分围绕整个族群共同体形成的民族和基于一个或多个部分或分散的族群建立的民族之间的重要差异。在后一种情况下，我们讨论的是定居的移民共同体，不论是出于经济、宗教还是政治原因，他们离开"祖地"和其他族群成员，并作为一个或者多个新的共同体在其他地方寻求新生活，通常是在海外。或者，可能是家乡族群的当局将他们驱逐到海外，所以他们长期寻求新的土地。在这些情况下，移民共同体的文化在很大程度上是家乡族群和民族的文化，但在新环境的影响下逐渐发生了变化，从而可能产生一种移居者的意识形态，这种意识形

---

① 美索不达米亚帝国的新年仪式在经典的"法兰克福研究"（1948）中作了描述。关于总督向亚得里亚海抛下金戒指的仪式，象征着威尼斯与大海的联姻，参见 Norwich（2003, 55, 116）。更普遍地讲宗教和民族主义，参见 Coakley（2004）和 Grosby（1991）。

态往往会得到某种与天命主义意识形态（providentialist ideology）相关联的宗教和种族排他性的支持。在美国的殖民地和南非尤为常见，澳大利亚和新西兰程度次之，因为故国发挥了更大的指导作用。另一方面，在加拿大和阿根廷，移民和殖民化都是一级国家工程，他们往往缺乏圣经的和基督教的意识形态，而这些意识形态在美国的殖民地和阿非利卡人（Afrikaners）中非常突出。①

然而，所有这些由于经济、宗教和政治原因离开祖地的移民民族，对其他分散的族群有磁石般的吸引力。除了一个例外，所有这些发展中的民族都或多或少地试图将新一波移民融入主流族群的语言和文化中。当然，这一例外是阿非利卡人认为自己像古埃及的以色列人一样越来越受英国的压迫，所以通过1833年至1838年的大迁徙，他们试图将自己作为一个种姓分离出来，利用周围非洲人口的劳动，发展一种契约式的族群民族主义。因此，南非移民社会早期的多元主义变得越来越等级森严和两极分化，在接下来的一个世纪中，由此产生的种族—种姓制度最终在种族隔离政权下演变为法律而根深蒂固。直到20世纪90年代，才出现了一场走向多元民族的运动，尽管这场运动是由黑人领导的。②

我们已经看到，民族的形成是围绕着一个占主导地位的族群，其起点是族群形成的各个要素。但后者已经产生了不同类型的族群，

---

① 关于殖民地民族主义在前英国殖民地的兴起，参见 Eddy and Schreuder (1988)。Kaufmann (2004a) 分析了美国白人定居者的历史，Huntington (2004) 讨论了他们的新教价值观。关于阿非利卡人，参见 Giliomee (2003) 和 Keegan (1996, 184-200) 的综合历史。关于英国、移民者和澳大利亚土著人民之间的关系，参见 Palmer (2000)。更一般地，关于"多样"民族主义，参见 A. D. Smith (1995, ch. 4)。

② 关于阿非利卡人案例与大迁徙神话，参见 Giliomee (1989)，Akenson (1992) 和 Cauthen (1997)。

更不用说大量的族群类别和关系网络了。这里最重要的是"横向"（lateral）和"纵向"（vertical）族群共同体之间的区别。横向族群的边界广大并且参差不齐，社会深度（social depth）较低，通常包括贵族和高级神职人员，以及一些官僚和富有的商人，他们的身份往往是一个种姓的骄傲。相比之下，纵向的或平民（demotic）族群体现出成员之间更紧密的情感联系，相应的领土范围也更小。两个族群间进入（和退出）的门槛更高，不赞成文化同化，更不用说异族通婚了。在平民族群中，神圣的传教是最为重要的。通常这些平民族群也有城市基础，在底层的神职人员和工匠中不乏追随者，或者他们可以在部落首领的领导下组成部落联盟，以具有约束力的宗教名义联合作战。①

在这两种族群的基础上，民族可以在不同的阶层和制度领导下，根据不同的路径形成。在第一种情况下，一些强大的横向族群或贵族族群的成员可能围绕主导族群建立强大的国家，我想到的例子包括中世纪的英国、法国、西班牙、瑞典和俄罗斯。这些王国和他们的国家精英通过官僚体系吸纳的过程，吞并外围地区并逐渐吸纳一些下级阶层。一代又一代，他们向这些人传播自己的文化，或者像诺曼人和英国人那样，把自己的文化与他们在语言和族群上不同的主题结合起来。②

随着时间的推移，这一过程产生了一种强大的精英民族认同感，这种认同感与日益增长的共同依恋和记忆的领土化紧密相连。在这个阶段，中产阶级成员接受了精英爱国主义，这一发展响应了领土范围内法律和法律机构标准化，以及兴起的独特公共文化，如仪式、

---

① 这一区别在 A.D.Smith（1986, ch. 4 and 2004a, ch. 7）已得到充分阐述。

② 关于英国人和诺曼人，参见 Thomas（2005）；关于西方国家，参见 Marx（2003）；关于俄罗斯，参见 Kappeler（2001）。

象征主义和方言符号。这种文化变得更加统一，在某种程度上，国家精英在与贵族对手的斗争中精心设计了宗教统一性，并被用来动员公众舆论反对少数群体和外来者，16世纪晚期和17世纪的西班牙、法国和英国就是这样。①

但是，"以王权为中心"的爱国主义——对王国、君主及其臣民的忠诚——与民族主义之间的界线很模糊，因为爱国主义者也渴望民族自治、团结和认同，并通过国家和私人行动来寻求民族共同体的福利。此外，正如毛里齐奥·维罗利（Maurizio Viroli）所指出的，爱国主义需要共同的历史经历，以及对集体成就和牺牲的记忆，这正是欧内斯特·勒南为民族的生存所提出的要求。爱国主义还预设了"核心"族群人口的共同文化和语言，以及爱国主义关于象征、仪式和方言符号的公共文化。因此，爱国主义者倾向于促进文化和语言的统一，并要求少数民族的同化。在民主政治引入之后，如果说有什么区别，那就是这种文化排他性得到了加强："民族"只归属于或同化于主导文化，即占主导地位的历史族群的文化。对民族来说，主权属于民族，国家是他们的工具，法国民族主义从革命开始也反复证明了这点。在这一阶段，一个松散、广泛和贵族式的族群向一个大众政治和文化统一的民族的转变已经完成。②

在第二种路径中，我们同样可以发现民族形成存在主要社会和象征过程，即方言动员（vernacular mobilisation）。一般来说，我们

---

① Marx（2003）认为，16世纪的英国、法国和西班牙率先出现了最早的"排他性"民族主义形式；关于批评，参见 A.D.Smith（2005a）。关于法国案例，参见 Bell（2001）；关于英国案例，在 Bradshaw and Roberts（1998）的论文中。

② 参见 Viroli（1995），他用族群文化民族主义来反对共和党的爱国主义。关于丹麦背景下爱国主义社会的讨论，参见 Engelhardt（2007）。Lartichaux（1977）和 Leersen（2006，137-41）分析了法国的语言同化。关于勒南的讲座，参见 Bhabha（1990，ch. 2）。

所面对的是较小的、受支配的族群群体,特别是那些自我意识较强的族群,他们是相对紧密的具有归属感的共同体。在巴尔干半岛和东欧等几个地区,这些共同体构成了一个"冰冻的马赛克",在遥远的政体中占据着独特的位置,比如奥斯曼帝国的米列特人(millets)。在这些情况下,并不是国家精英,而是"回归知识分子"(returning intelligentsia)在探索民族共同体和自治过程中发挥领导作用。①

通常情况下,由于快速的城市化、世俗化和西方化,许多知识分子和一些专业人士脱离自己的共同体,试图进入现代西方世界或其殖民性的官僚机构和行业。这些人当中,有些人的雄心壮志受挫,有些人觉得受到西方官场的诋毁,因此又回到了自己的共同体,他们对此作出的回应通常可以分为以下三种类别。第一,他们试图加强自身所属共同体的传统和价值,以对抗他们认为现在具有腐蚀性的西方价值——熟悉的新传统主义道路;第二,他们热情地鼓励共同体强制西化,从而达到世俗的现代性——一条救世主式的同化之路;第三,他们试图将共同体继承的价值和传统与西方的方式和理想相结合,以平衡本土共同体和外来现代性,这是一条广泛的改革之路。改革主义和新传统主义路线的一个重要结果是促进对共同体的象征、传统、神话和记忆进行更大的审查,即使他们的权威和支撑他们的宗教权威也受到来自西方"科学国家"和资本主义经济渗透的持续挑战。②

特别是改革派,试图通过传统共同体和世俗西方"科学国家"

---

① 关于东欧的多样性,参见 Sugar(1980);关于巴尔干半岛,参见 Roudometof(2001)。另见 A.D.Smith(1986, ch.6)。

② 与民族主义知识分子有关的受阻或"流动阻碍"的论点,参见 Kedourie(1971, Introduction)和 Gouldner(1979)。我在 A.D.Smith(1983, ch.10, and 1986, ch.8)中讨论了知识分子的典型反应。

的价值来解决这种权力冲突,我们可以称之为"双重合法化"。但是,他们立场的内在不稳定性变得非常明显。一个解决办法,也许是影响最深远的办法,就是把共同体变成历史运动的主体,而不是对象,并使其成为自己命运的动力,从而在政治领域中寻求复兴。这一解决办法需要齐心协力地重新发现族群的过去(或往事),并出于社会和政治目的利用族群文化,最后会导致一个基本上不关心政治的(如果不是寂静主义者)族群突然变成了一个活跃的政治民族。为此,知识分子力图为共同体的新命运提供认知和领土的"地图",以及个人和集体的"道德",因此,要通过建立制度,特别是学校、节日、比赛和艺术,根据民族主义的意识形态来统一共同体的语言、文化和习俗,这将体现新民族独特的公共文化。最重要的是,他们试图通过强调方言和流行文化来动员成员,尽管这些方言和文化经过精心修改和重新诠释。德国语言学家雅各布·格林姆(Jakob Grimm)、捷克历史学家弗兰蒂泽克·帕拉茨基(Frantisek Palacky)、波兰诗人亚当·米奇维茨(Adam Mickiewicz)、希腊历史学家康斯坦蒂诺斯·帕帕利戈普洛斯(Konstantinos Paparrigopoulos)以及小说家沃尔特·斯科特(Walter Scott)等浪漫主义知识分子尤其遵循赫尔德的教导,他们呼吁本土历史、圣人与英雄的共同记忆、方言、当地习俗与礼仪(适当修改)和民间艺术,以动员其族群共同体的成员。①

所有这些文化产业的目的是利用历史、考古学、语言学、人类学以及艺术,不仅是为了呼吁"人民",还是为了证实民族,揭示其真正的"本质"和"纯粹"的性质。不仅历史学家和语言学家,如阿恩特(Arndt)、冯·兰克(von Ranke)、格林姆、可拉斯

---

① 关于欧洲知识分子的作用,参见 Hofer(1980),Hroch(1985)和 Leersen(2006)。"方言动员"的路线在 A.D.Smith(2004a, ch.7)中有阐述。

（Korais）和帕拉茨基，也帮助寻求建立一个具有古老且最好是高贵血统的新民族，他们还为后来的模仿提供了令人振奋的范例，并"证明"了其原始语言和文化的原生纯粹。通过这些"科学"和艺术，民族的"内心深处"及其存在的理由可以向经常对此持怀疑态度的人展示，向全世界展示。①

民族的社会和象征基础

与通过官僚体系吸纳而形成的民族相比，方言动员路径在案例中所占的比例要更大，而且方言动员路径还要求并获得活跃的知识分子和专业人士的更大贡献。他们的作用将在下一章作更详细的讨论。但是，如果把他们看成想象的民族共同体，或者是发明的民族传统，就像无中生有，那就大错特错了。在方言动员的过程开始运作之前，不仅他们脱离和回归共同体的社会条件必须到位，而且在回归的知识分子的活动产生他们期望的效果之前，民族形成中至少有一些社会和象征过程发展良好。在这方面最明显的是各种民族文化的留存，这些文化饱含自己的习俗、语言、神话、记忆和象征，往往留存在当地教堂的仪式、狂热崇拜和礼拜仪式中。这至少在文化区域中既有助于已经形成的独特族群景观融合土地和人口，也有助于一些族群关系网和共同体声称某些特定的土地"永远属于他们"。通过各地方和族群的教会，独特的公共文化元素也代代相传，即使在宗教传统有争议的地方也普遍存在——在巴尔干半岛地区发

---

① 关于这种文化民族主义，参见 Leersen（2006），Anderson（1991, ch. 5），Hutchinson（1987, 1992 and 1994）；而关于非洲和亚洲，参见 Kedourie（1971, Introduction）。

展起来的各种东正教教堂，或在斯里兰卡、缅甸等地不同的佛教传统中，都清楚地表明了这一点。虽然在许多情况下，我们也许不能用与中世纪西欧政治相同的术语来谈论领土法律制度和法规的发展，但这些法律和程序的基础可以从各教会的传统与规章、宗教秩序以及村庄和区域的习俗与法规中看出。①

通过这种方式，主要的社会和象征过程形成了各种精英可以塑造民族的基础，无论其形成的历史路径如何。即使是移民"多元"的民族，也要将其形成归功于自我定义、象征培育、领土化、法律标准化和独特公共文化传播的各种过程。这些移民"多元"的民族也是从主导族群的分散定居开始，这些主导族群独特的公共文化为其民族的规范和价值观念提供了框架和内容。在取得独立国家前后，它们也是通过遵守共同习俗和标准法律，以及越来越多地通过统一的法律制度和程序而形成的。虽然在族群定居的早期阶段，我们只能说移民的依恋和共同记忆更加领地化，但随着时间的推移，越来越多的交流创造了一个流动的公众场所。对他们来说，无论是在山区、牧场、草原还是平原上，大规模的、通常是宏伟的景观及其联系在形成民族统一和共同认同感方面发挥着越来越重要的作用。例如，从过去两个世纪的美国和加拿大的景观艺术中就可以看到他们的响应。②

因此，从这个角度来看，民族的形成包括一系列社会进程，这些进程需要进行长时段的研究。这并不意味着族群—象征主义致力于从累积性发展和渐进主义的角度分析民族形成。毕竟，民族形成

---

① 关于宗教和民族主义在巴尔干的作用，参见 Petrovich（1980），更一般的，参见 Hastings（1997）和 Juergensmeyer（1993）。关于佛教传统，参见 Kapferer（1988）和 Sarkisyanz（1964）。

② 关于这种艺术在加拿大和瑞士，参见 Kaufmann and Zimmer（1998），对美国荒野景观的回应，参见 Wilton and Barringer（2002）。

的速度和强度有很大的差异，且两者都会受到人为的干预，以及频繁的冲突、破裂和间断的影响。民族的形成更不需要目的的决定论。民族的形成没有什么是无法改变、直线发展或不可逆的，我们也无法追溯它们从"族群到民族"这个创造过程中的特定步骤。毕竟，许多族群在很长一段时期内一直保持着其族群共同体的地位，延续到现代，正如在许多熟悉的案例中，一个民族的形成涉及多个族群或族群关系网。此外，民族形成过程中每一个社会和象征过程的发展速度及其组合方式都因情况而异。另一方面，如果没有这些社会进程的发展，任何积极的人类干预都不足以产生民族。没有来自其他领域人群的支持，或关键的社会和象征性进程的发展，知识分子或任何精英都不能指望民族（而不是国家）形成，历史上这种尝试并不令人鼓舞，特别是在撒哈拉沙漠以南的非洲。

此外，为了在民族形成的事业中取得一定程度的成功，某种族群关系的存在或创造可能特别有益。从这个意义上说，民族性的元素可以看作先于民族主义，并为其广泛接受和实践创造了有利条件。因为民族主义的吸引力必然取决于对流行的传统、价值、记忆、神话和象征的共鸣，而这些正是民族主义者"重新发现"并使之适应于新的政治目的的事物。

第四章　民族主义的作用

61　民族主义可以定义为一个群体实现和维持自治、统一和认同的意识形态运动,部分成员认为意识形态运动构成一个真正的或潜在的"民族"。民族主义不仅仅是一种共同情感或共同意识,也不能等同于"民族的兴起",而是一场受民族意识形态和象征主义启发的自主运动。意识形态运动有几个性质。首先,有一个"核心学说",它把有关人类和政治的主张以及行动的方案结合在一起。这个"核心学说"认为:

（1）人类分成不同的民族,每个民族都有自己的特点、历史和命运;

（2）民族是政治权力的唯一源泉;

（3）对民族的忠诚高于一切;

（4）人类为了自由,必须属于一个民族;

（5）民族需要最大限度的自治和自我表达;

（6）世界和平与正义只能建立在多个民族自由的基础上。①

民族主义是一种关于民族而不是国家的学说。尽管在实践中,

---

① 关于这个"核心学说",参见 A.D.Smith（1973b, Part I, and 1991, 74）；参比 Breuilly（1993, 2）。

第四章 民族主义的作用

一个自由的民族往往需要一个属于自己的国家来保护和培育自己的文化，但这并不是一个绝对的要求，苏格兰、魁北克和加泰罗尼亚这些没有国家的民族就证明了这一点。对许多民族主义者来说，民族是自然的产物，"存在于自然之中"，因此，它们的出现早于国家。对于非民族主义者来说，对民族的最好描述即为历史文化共同体或有威望的共同体，但这也与"国家"截然不同，因为"国家"是在特定的领土内行使强制和剥夺垄断的自治机构。①

因此，沃克·康纳和毛里齐奥·维罗利等学者坚持，"爱国主义"和"民族主义"有根本区别，他们认为前者属于国家及其领土（如城邦），而后者只与族群或族群共同体有关。正如人们不应该谈论德国人或阿拉伯人的爱国主义一样，我们也不能谈论美国人或英国人的民族主义，因为前者属于民族范畴，后者属于国家范畴。而共和党的爱国主义传统，即使不与族群—文化民族主义的传统对立，也与其截然不同。②

这种"一刀切"的划分会产生逻辑问题，对于许多人来说，对国家的忠诚和对民族的忠诚一直是相同的，并且未来也将继续是相同的。正如我们所看到的，这是因为，在实践中这两种概念有相当多的重叠。许多爱国者对民族主义的目标——集体自治、统一和认同有同样的渴求，也表现出同样的热情和团结，即使他们渴望实现的"民族"是一个有共同记忆、政治象征、神话和共同价值的共同

---

① 关于民族是威望的共同体，参见 Weber（1948，175-76）；关于民族与国家的关系，参见 Tilly（1975，Introduction）、Breuilly（1993）和 Mann（1995）。

② 当然，他们的出发点是非常不一样的：Connor（1994，ch.4）强调民族主义与族群和族群自我意识的相似性，然而，Viroli（1995）的文章关注的是将古代和意大利的共和爱国主义公民传统与德国民族主义的族群文化渊源进行对比。

体，而不是一些民族主义者（主要是中欧和东欧的民族主义者）所支持的关于祖传民族情感浪漫主义学说中有共同祖先、共同民族语言的群体。瑞士和美国等联邦制国家以及法国和意大利等统一的共和制国家也是如此。"爱国主义"对牺牲的共同记忆以及领土政治共同体的价值和象征方面所强调的程度可能有所不同。但这只反映了我们在上一章中所讨论的民族形成路径的不同，以及因形成路径不同导致各民族之间的差异。①

其次，尽管存在这些差异，民族主义仍有一些共同的主题。这些包括：

（1）自治，即全体成员希望他们的民族共同体按照自己的法律和节奏生活，不受任何外来干涉；

（2）团结统一，即成员希望领土统一和人口自由流动，以及社会团结、兄弟友爱、姐妹相亲；

（3）同一性或独特性，即成员恢复民族共同体的"固有"个性，及其在仪式和艺术形式方面的有形体现；

（4）真实性，即由一些成员在其独特的起源、历史和文化中重新发现民族共同体的"真正性质"和存在感；

（5）祖地，即共同体成员对"他们独一无二的祖先或历史的领土"的归属感、记忆和依恋；

（6）尊严，即全体成员认为他们的民族共同体应享有与其真正"内在价值"相称的威望和地位；

（7）连续性，即全体成员相信他们与祖地的远古先祖和早期文

---

① 现代瑞士民族的形成是在古老的联盟的基础上是 Zimmer（2003）认真平衡研究的主题，另见 Im Hof（1991）。关于对盎格鲁-撒克逊白人新教徒美国的性质、起源、兴盛和衰落进行的广泛评估，参见 Kaufmann（2004a）和 Huntington（2004）的精辟论文。德国浪漫主义文献学和历史学说的重要性，参见 Leersen（2006）。

化有着相对连续的继承关系；

（8）命运，即各成员深信，民族共同体注定有其独特的命运，这命运通常是辉煌的发展前景。

当然，这些主题的重要性在不同的民族主义运动中不同，在不同的时期也有很大的不同。但是，就像"核心学说"一样，这些主题不断地重复出现，并将"民族主义的"与其他类型的意识形态运动区分开来，赋予它们灵活的、丰富的和诗意的特质，同时唤起世俗救赎戏剧中黑暗情感暗示。①

毫无疑问，这是一个相当抽象和概括性的表述。在实践中，民族主义运动还受到特定共同体历史情况的各种具体思想和信念的推动，正是这些思想和信念激发了其成员的想象力，因此，民族主义者一定对民族主义运动有吸引力。思想和文化实践如阿塔图尔克的太阳语言理论（Sun Language theory），一年一度的法国巴士底日庆祝会、美国的感恩节和波兰殉道基督等思想，都形成独特的神话、记忆、仪式、庆典和象征，这些通常在族群共同体或族群之间流传，甚至在更广泛的政体中流传，所以使人们往往很难理解"其他民族"的民族主义，更难与之产生共鸣。

对大多数分析家，尤其是现代主义者来说，民族主义的政治用途和组织及其影响和成就，才是民族和民族主义的研究中心。人们对民族主义的象征根源和文化特性的关注较少，而在族群—象征主义者看来，这些维度却尤其重要，因为我们能够通过这些进入民族主义的"内心世界"。在此，我将着重讨论四个问题：民族主义活动的作用和特点、文化民族主义与浪漫主义、大众"共鸣"的问题，以及民族主义作为"人民宗教"的作用。

---

① 我在 A.D.Smith（1991，ch.4，and 2001，ch.1）中总结了民族主义的各种主题和动机，并进行充分的讨论，也可参见 Leersen（2006）。

作为"政治考古学"的民族主义

谁是民族主义者？学者们对于民族主义运动的活跃分子及其追随者的社会背景存在相当大的争议。对一些人来说，欧洲的民族主义起源于心怀不满的贵族、底层神职人员和官僚。一些统治者也寻求适当的民族主义意识形态，以激发人民的爱国情感，并在某种程度上团结人民，奥斯曼帝国的坦志麦特（Tanzimat）改革和后来沙皇帝国的俄罗斯化政策就是典型例子。另一些人认为，这是新兴中上层阶级"流动性受阻"引起的，因为他们中的许多人无法进入行业或官僚机构，也无法找到与他们的教育水平和（实际的或以为的）技能特长相匹配的工作。但我们也能在军官、商人、贸易商、一些工会组织和知识分子中，发现民族主义活动的中心，尤其是在亚洲和非洲。这表明大多数社会阶级和阶层都在不同程度上参与了民族主义的运动和活动，但不论何种情况，要么没有单一的"持票人"阶级，要么"持票人"阶级各个时期都不一样。因此，至少在阶级构成方面，对民族主义社会根源的探索难以讲述一般意义上的民族主义，只能告诉我们特定民族主义运动在特定历史情况下的特征和作用。[1]

"知识分子"阶层在民族主义运动中所起的作用也是如此。知识分子成员的社会出身大相径庭，但所受的高等教育及其对思想和知识的兴趣让他们脱颖而出。知识分子阶层通常包括知识分子和专业

---

[1] 关于民族主义运动的社会构成有大量的文献，参见 Nairn（1977，chs 2 and 9）、Gouldner（1979）、A. D. Smith（1983，ch. 6）、Greenfeld（1992）和 Breuilly（1993，ch. 1）。

第四章 民族主义的作用

人士，尤其指那些创造、传播和运用思想和知识并付诸实践的人。我将在下一章继续探讨知识分子的特殊作用。至于专业人士，他们在民族主义运动中的作用和重要性一直存在争议。一些学者认为，专业人士凭借自身技术和才能在各种政治运动的公共关系中占有突出地位，这正是我们所期望的，但是无论如何，他们产生的影响因各民族主义情况的不同而有很大差异。另一些人则认为，律师、医生、教师、记者等专业人士在民族主义运动中所占的比例过高，并且在创造民族理想的知识分子及其设法动员的群众之间提供了不可或缺的联系；或者认为，根据米罗斯拉夫·赫洛奇（Miroslav Hroch）的三阶段模型，他们在民族主义发展的第二阶段（即 B 阶段）构成了政治煽动者的主体。①

这两种立场都有一定道理，尽管我倾向于认为，从历史的角度看，专业人士在大多数民族主义运动中扮演了重要角色，他们绝不仅仅是倡导者和宣传者。诚然，我们可能提出了错误的问题。我们更应该问：民族主义者是做什么的？他们是如何实现自己的目标的？对于许多现代主义者来说，答案似乎是民族主义者是"民族的建设者"，而在很大程度上民族是他们创造的。当然，从卢梭的民族立法时代开始，就有民族主义者用这些宏伟的术语来构思自己的角色，尽管事实上，将他们的经济、技术和政治活动称为"国家"建设，而不是"民族"建设，往往很难区分。

对于族群—象征主义者来说，民族主义者在民族创建过程中所起的作用虽然同样重要，却更为温和且有限。他们的任务是重新发现、选择和解释特定共同体的过去或往事，重塑其对现状的认识，

---

① 关于知识分子在民族主义中的本质和重要作用的讨论，参见 J. Kautsky（1962），A.D.Smith（1981a，chs 5 and 6），Pinard and Hamilton（1984），Hroch（1985）和 Hutchinson（1987 and 1992）的早期分析。而怀疑的观点可以在 Zubaida（1978）和 Breuilly（1993，46-51）找到。

从而帮助重建共同体。从这个角度看，民族主义成了"政治考古学"的一种形式，民族主义下的政治考古学家试图将共同体置于适当的时空背景。正如考古学家试图将出土的物质文化与其历史时期联系起来，民族主义者试图将他的民族与重新发现的过去或往事联系起来，将其置于本民族的时间框架内。同样，正如考古学家试图将过去的遗迹放置在正确的地点和区域环境中，民族主义者试图将民族置于适当的文化和地缘政治环境中。民族主义者的总体目标是让民族建立在坚实而"真实"的基础上，最好是有可靠的书面证据，他通过重新发现、选择和解释过去来做到这一点，为目前的共同体提供一个认知框架或"地图"。但他的"考古学"也有社会和政治目的，即团结共同体，恢复其自治和自我表达，并以这种方式为其在民族大联盟中占据应有地位做好准备。①

这表明，民族主义者在民族形成过程中扮演着一个明确的角色，但这个角色的作用比现代主义者的"民族建设者"更为有限，更不用说"后现代主义"的发明者和创造者了。作为政治考古学家的民族主义者的任务，是在基本的社会和象征性进程中已经发展并趋于融合的时候，通过一段或多段历史的重新阐释，重塑共同体的现状，从而创造民族形式的共同体的可能性。正是民族主义者塑造了这个共同体的独特面貌，赋予了它独特的轮廓和精神，并为其预先准备了道德和政治命运。

---

① 关于民族主义是"政治考古学"，参见 A.D.Smith（1999a, ch.6）。Diaz-Andreu and Champion（1996）和 Jones（1997）探讨了考古学作为一门学科与民族主义之间的历史和意识形态联系。参见 2001 年《民族与民族主义》中的文章，而对于 19 世纪考古学的演变，Diaz-Andreu（2007）作了综合分析。

文化民族主义与浪漫主义

二十多年前，约翰·哈钦森富有开创性地阐发了文化民族主义和政治民族主义之间的根本区别，并且论证了这种区别对现代爱尔兰和其他民族的创建的重要性。他认为，政治民族主义者旨在为民族成立一个独立自主、拥有主权和领土的国家，他们的活动和组织机构均为了实现这一目标。与这些主要的政治活动不同的是，文化民族主义者寻求共同体的道德再生，旨在建立一个自立和团结的民族。哈钦森认为，这两种民族主义都关心民族的福利和自治，因此，这两种不同的民族活动应该经常是交替互补的，而不是相互对立的，即在一段时期内，政治民族主义占主导地位，而当政治路径受阻时，文化民族主义活动则取而代之。①

最近，哈金森把重点放在复兴民族主义者对创造民族神话和民族记忆的重要作用上。在18世纪末和19世纪初的英国、法国和德国，浪漫主义（不如说浪漫主义学派）就像美学的和道德的运动一样，是没有边界概念、无拘无束的；同时，尤其是在东欧，因为当地的民族主义是公开的族群—文化形式，其追随者的政治影响力得到极致发挥。不同于西欧常见的公民和领土政治形式的民族主义，族群民族主义强调宗谱关系对民族归属感的重要性，强调本土文化，如语言、风俗和信仰、本土文化保护主义的族群历史和共同的民间记忆等，强调大众动员——呼吁"人民"成为民族的"真实"声

---

① 参见 Hutchinson（1987，1992 and 1994，ch. 1）。关于他的思想在英国文学中的应用，参见 Trumpener（1997）。

音。这些主题鼓励传播浪漫情感，并赋予它们更大的空间。①

当然，我们可以在西欧，尤其是在英国、法国和瑞士的公民和领土民族主义中找到浪漫主义元素。回溯到中世纪时期，托马斯·格雷（Thomas Gray）、毕舍普·珀西（Bishop Percy）、威廉·布雷克（William Blake）、詹姆斯·巴里（James Barry），以及后来的沃尔特·斯科特爵士等作家和艺术家创作的撒克逊、凯尔特和古代斯堪的纳维亚的作品，这些作品加强了人们的文化多样性意识，以及对纯正的英格兰、苏格兰、威尔士和爱尔兰民族特色的追求，但同样地，鲜明生动的英国民族情感唤起了"不列颠人"由来已久的形象。在瑞士，拉瓦特的《阿尔卑斯山脉》（*Alpenlied*，1732）、富斯利的《罗格里誓言》（*Oath of the Rütli*，1778—1781）、雅各布·博德默（Jakob Bodmer）及其业内的文学和历史研究，为瑞士的民族认同感及其附近的阿尔卑斯山景观之间的历史性联系铺平了道路。早在18世纪60年代，瑞士爱国团体的一些宣言中就已明显体现了这一点。浪漫主义的潮流也出现在卢梭的许多作品中，甚至在大卫表达压抑情感与渴望的画作中，如1789年的《布鲁图斯》（*Brutus*）和1793年的《马拉之死》（*Assassination of Marat*），这两幅作品都强调个人情感和道德意志的作用，这些主观因素强有力地破坏启蒙运动理性主义的和谐体系。在卢梭身上，我们也可以看到自由表达自我热潮的开始，这种热潮在法国艺术家中得到了回应，比如吉罗德（Girodet）、安格尔（Ingres）以及（后来的）热里科（Gericault）和德拉

---

① 参见 Hutchinson（2005）。关于各国浪漫主义，参见 Porter and Teich（1988）。Robson-Scott（1965）与英国相比，分析了德国早期中世纪浪漫主义的案例。尽管如此，"公民"和"族群"民族主义之间的差异，对于其被用作理想类型的用途而言，不应被夸大，因为个别情况有高度的重叠，而且在大多数情况下都存在族群因素；关于此，参见 Yack（1999）；参比 Balibar and Wallerstein（1991）。

第四章　民族主义的作用

克洛瓦（Delacroix）。即使在美洲新大陆，以希腊—罗马模式为基础建立的共和国，也很快受到浪漫主义思潮的影响，在文学和绘画上均有表现。①

然而，浪漫主义对德国、东欧和巴尔干地区的政治影响最为明显。在这里，浪漫主义的三个基本主题，即个人意志和行动不受束缚、崇拜特殊性和文化多样性，以及渴望真实的自我表达，这些都得到了最有力的发声，并产生了明确无误的政治结果。这三点都让大多数的族群民族主义者专注于"民族认同"，而这个问题经常出现在德国和意大利等族群政治分裂的地区，或在东欧和巴尔干半岛多族群聚集的大部分地区。正如赫尔德所教导的那样，每个民族都有自己独特的声音和风格、独特的文化和个性，这一想法在这些地区的小众知识分子和中产阶级中引起了强烈的共鸣，尽管他们来自不同的族群，有着不同的人际关系网。在这里，复兴文化民族主义者常常起带头作用，他们创造方言、重新发现历史文本和史诗，比如《尼伯龙根之歌》（*Nibelungenlie*）、《罗兰之歌》（*Chanson de Roland*）和《卡莱瓦拉》（*Kalevala*），并且庆祝"真正的"农民音乐、舞蹈

---

①　关于卢梭和民族主义，参见 Cohler（1970），大卫、安格尔和法国绘画在这个关键时期从 1775 年到 1830 年在 Detroit（1974），Brookner（1980），Rosenblum（1985）和 Vaughan and Weston（2003）中进行了讨论和说明。MacDougall（1982）分析了英国民族认同构成中的撒克逊、凯尔特和特洛伊"种族"神话，关于英国民族情怀，参见 Colley（1992）。O'Donoghue（2006）探索了北欧神话在《埃达》中的贡献。关于弗斯利和博德默的圈子，参见 Antal（1956），以及这一时期瑞士民族认同的兴起，参见 Zimmer（1998 and 2003）。Wilton and Barringer（2002）在"美国崇高"展览目录中讨论了美国绘画中的浪漫主义思潮。

081

和习俗，以团结和重建其特定的共同体，使其成为自给自足的政治民族。①

浪漫主义追求更广泛的"真实性"的表现之一就是热爱民族认同感。虽然人们有时乐于回顾民族历史上的重大事件，例如16世纪的英格兰、17世纪的荷兰和丹麦，但这更多是出于重申民族伟大和高贵起源的需要，或者是为了提醒人们他们先祖令人振奋的奋斗史。18世纪，人们对历史起源和考古真实性拥有新的激情来发现民族的"真正本质"——即最初和未来持续赋予民族各部分原始和独特的精神，纵使这种精神往往是隐形的。真实性不仅意味着原始和原生，也意味着"我们"和我们独有的事物，即我们的存在感，就像曼纽尔·加米欧（Manuel Gamio）等人重新发现典型的"英国艺术的英国性""法国天主教精神"（the Gallican spirit）、"德国性"（Deutschtum）和墨西哥土著印第安人——文化价值不可复制，因此他们的发现和描述吸引了众多的作家、作曲家和艺术家。这种文化崇拜凸显了"人民"的记忆、象征、神话和传统，最先在乡村民间及其艺术和风俗习惯中出现，对民族主义者来说，这些人体现了民族的"本质"，使他们能够把精英阶层与广大人民的各个阶层团结起来。对这些文化元素中民族追求"真实"维度的分析，是进入民族主义

---

① 关于"文化战争"和复兴，参见 Hutchinson（2005, ch. 3）。关于赫尔德的"文化民粹主义"，参见 Berlin（1976）和 Barnard（2003）。Berlin（1999）分析了更广泛的浪漫主义革命。关于《尼伯龙根之歌》，参见 Robson-Scott（1965），关于《卡莱瓦拉》，参见 Branch（1985）。

"内心世界"的关键。①

对于卢梭和他之前的英国作家和诗人而言,这种对真实性的追求,反过来是更全面地"回归自然"。在自然界中,尤其是在祖地的土地上,"我们"才能"找到自己"。祖地是我们的出生地,是我们的家,是我们受教育和就业的地方,是我们祖先最后的安息之地。这就形成了民族的"性格",赋予了他们鲜明的个性。在18世纪,人们普遍认为民族性是土壤和气候的产物,在这种决定论的基础上,卢梭、伯克(Burke)和诗人们对舒适自在或原始迷人的风景增加了理想化和主观的依恋。这些浪漫自然主义的提倡者通过颂扬乡村及其居民简朴健康的生活,以及将土地与"真正的"人民联系起来,与早期启蒙运动时期过度理性主义的城市文化进行对抗,这为文化民族主义者奠定了基础。②

自然崇拜与英雄崇拜相辅相成。男英雄和女英雄象征着民族的内在美德和"真正本质",正是他或她的美德典范帮助了被压迫的民族恢复尊严,激励和动员他们反抗压迫,争取自治。作为民族精神和民族意志在行动中的体现,无数的男英雄、女英雄和天才典范成为塑造民族及其自我价值最宝贵的手段和财富。18世纪末和19世纪,关于远古英雄和几乎被遗忘的战争的神话和记忆在整个欧洲传播开来。当时,文化民族主义者重新发现并出版了中世纪早期的史

---

① 关于文学相关概念的真诚和真实性的感性分析,参见 Trilling (1972),即使他更感兴趣的是个人的想法而不是集体的真实性。18世纪英国对真诚的崇拜是 Newman (1987) 研究的主题。关于伽米奥和墨西哥印第安人,参见 Gutierrez (1999, ch.6) 和 Ades (1989, ch.7)。关于欧洲浪漫主义,参见 Porter and Teich (1988)。

② Charlton (1984) 探讨了18世纪的自然崇拜。关于卢梭和浪漫主义的景观观点,参见 Schama (1995)。俄罗斯19世纪的绘画有一些有趣的相似之处,参见 Ely (2002)。

诗和编年史,画家们阅读并试图描绘遥远过去的模糊情节,考古学家发现了坟墓、宫殿、村庄甚至整个城市的遗址,如庞贝古城和赫库兰尼姆古城的遗迹,这些都揭示了"文化"的传承和各个共同体的早期历史。这种情况并不局限于欧洲,这种崇拜也传播到亚洲、非洲和拉丁美洲,无论是通过直接的欧洲殖民,还是间接地通过相同的自然化、历史化和真实性检验冲动,都为古代编年史和史诗带来类似的历史探索,如印度的《罗摩传》(Ramayana)和伊朗的《列王纪》(Shahname),以及同样的考古发现,如古代卡纳克神庙、波斯波利斯、特奥蒂瓦坎和大津巴布韦。英雄和天才的崇拜再一次助力打开了通往民族主义思想和关系的内心世界的窗户。[①]

因此,浪漫主义为文化民族主义者,尤其是在族群混杂的地区提供了所有共同体政治动员的强大武器。通过推崇方言、宣扬个人意志、鼓动效仿英雄,他们的许多思潮促进了自我定义、领土化、象征性培养等发展潮流,并使许多人在自然、真实性和英雄崇拜中享有直接和真实的体验。

"大众"民族主义

但是,文化或政治民族主义者组成的少数人,如何能够影响和动员大批族人,以实现他们复兴重建共同体成为一个民族的计划?

---

① 关于庞贝、赫库兰尼姆和古希腊罗马世界考古学的开放,参见 Dyson (2006, chs 1 and 2);关于古埃及的平行探索,参见 Reid (2002);关于波斯波利斯的发掘,参见 Wilber (1969) 和 Nylander (1979);关于特奥蒂瓦坎,参见 Katz (1972, 43-55);关于大津巴布韦的发现,参见 Chamberlin (1979);Rosenblum (1967, ch.2) 对英雄崇拜和艺术上的美德典范进行了分析和说明;关于《卡莱瓦拉》,参见 Branch (1985)。

第四章　民族主义的作用

从广义上讲，知识分子作为文化企业家仍然缺乏影响力，除非得到国家及其机构或"人民"阶层的支持。前一种情况对民族主义者来说无疑是有益的，但危险也是显而易见的：国家精英往往不仅接管民族主义者的活动和组织，而且还会在不同程度上控制他们的思想。就像殖民时期，这种情形经常导致紧张和冲突。然而，早期非洲和亚洲民族主义者（他们通常是专业人士）的许多模式和理想既受地缘政治环境限制，也受制于帝国主义列强创造的制度和文化。即使是后来用以挑战帝国霸权的思想，如基督教中所有信徒平等的教义，也常常来自帝国统治者。在这些情况下，复兴文化民族主义者的作用往往是次要的：谢赫·安塔·迪奥普（Cheikh Anta Diop）甚至利奥波德·桑戈尔（Leopold Senghor），可能给非洲民族主义带来了新的文化转折和文化深度，但至少在短期内，他们没有改变自己的政治目标。在西方也是如此，法国和英国的不同政治知识分子群体可能已经提出了不同的国家命运模式，但这些模式要么被忽视，要么受到限制，并且受制于国家精英和官僚施加的控制和既定政党的领导。①

在族群共同体里，复兴主义者有更大的自由度，而民族主义者不得不从广大民众的不同阶层中寻求支持。正如我们在前面章节关于大众族群方言动员的讨论中所见，民族主义者必须通过他们专为其"准民族"（nation-to-be）设计的"祖地"中现存的各种各样的民间记忆、神话、象征、习俗和传统来吸引"人民"，这些记忆、神话、象征、习俗和传统本身就是建立在"族群人口学"（ethnic demography）和政治历史神话的基础上。然而，许多记忆、神话和传

---

① 关于知识分子和西非民族主义，参见 Geiss（1974，ch. 15）。Kedourie（1971, Introduction）夸大了殖民背景下知识分子的独立性；更一般地，关于受国家约束的知识分子，参见 Gouldner（1979）和 A.D.Smith（1981a, ch. 6）。

统都是当地的。因此需要修改这些，将其中更有政治前途的概念推广到邻近地区，从而产生有价值的民族历史和神话。虽然有任意选择的例子，甚至有民族主义伪造的情况，但文化民族主义者仍致力于重建一种本土文化和历史，这种文化和历史符合两个基本标准，即符合历史合并与大众产生"共鸣"。就前者而言，由于历史知识有限，而且在某些情况下，有关该时期的记录很少，所以民族主义者只能寄希望于重建一个合理的、接近的和时间连续的共同体族群历史，能够满足他们设定的祖地的连续性要求，当然这些记录始终在已接受的知识范围内。通过寻找文献证据，并运用新的社会"科学"思想，文化民族主义者希望把他们的政治计划建立在坚实的历史基础上，从而让他们的亲属以及敌对的世界相信他们的主张是正确的。①

大众的"共鸣"带来了更大的问题。首先是"人民"的构成问题。是"真正的"农民、工人，还是工匠和小商贩？是哪些人，在哪里？在某些地方，如芬兰或巴斯克地区，答案相当明确。但是，在东欧的大部分地区，以及中东的部分地区，一些民族更加多样化，其祖地也更加参差不齐，通常来自不同的文化区域，每个区域都有自己的方言（如果不是语言的话）和不同的风俗、艺术和民间记忆。即使像在波兰、塞尔维亚、伊朗和缅甸那样有一个相对团结的核心族群共同体，作为未来民族的基础，它通常也无法延伸到规划祖地的整个领土。这并不意味着必须人为地重新制造一个民族，但正如我们所看到的，确实需要仔细选择受欢迎的族群传统、象征和记忆，

---

① 参见 A.D.Smith（2000a, ch. 2, and 2003a, ch. 7）对过去精英选择的限制性的讨论。民族主义者已经并将继续为他们的政治目的量身定制一个合适的过去的观点，参见 Hobsbawm and Ranger（1983, Introduction and ch. 7），Hobsbawm（1990）和 Özkirimli（2003 and 2008）。关于批判，参见 A. D. Smith（2003b and 2004a, ch. 3）和 Hutchinson（2008）。

第四章 民族主义的作用

并推崇其中的一些,排除另一些。这意味着需要重新诠释和调整不同知识分子所构思的历史叙事,以适应当地的民族现实,或者选择一个地区或族群共同体的叙事和方言来代表整体。因此,民族主义的选择必须对特定群体中各个群体的需求、价值、记忆、象征和传统作出回应,反过来在民族诞生之时就必须给"人民"灌输民族的美德和理想。①

还有一个问题,是如何传播给"人民"。知识分子这时候就有了真正用武之地,他们在文化民族主义者和不同阶层的人之间扮演着中介的角色,尤其是在不断发展的城市中。例如,希腊知识分子与维也纳、敖德萨(Odessa)和君士坦丁堡等地的商人团体之间的联系是众所周知的,尽管其成员发现很难与伯罗奔尼撒的狂想战士和牧羊人沟通。在阿拉伯世界,教师也帮助向更广泛的城市受众传播阿拉伯民族主义的理念,而印度底层的公务员和教师也为印度民族的理念做了同样的事情。文员、教师、记者、医生和律师等,专业人士对复兴知识分子提出的民族理念的倡导和政治化,有助于更广泛的受众熟悉和接受这些理念。在这方面,他们唯一的对手(有时是盟友)是底层神职人员,这些神职人员确实经常挑战复兴知识分子对本民族的世俗解读。神职人员和农民,以及后来的中下阶层之间经常有着密切的联系,因此,他们能够为民族共同体提出另一种宗教理念,但具有讽刺意味的是,这种理念居然更符合农村民间阶级的需求和观点,而民族主义文人在农村民间被视为他们独特民族

---

① 关于东欧民族的多样性,参见 Sugar(1980),Snyder(2000)和 Hupchik(2002, ch. 9)。关于伊朗,参见 Higgins(1986),关于缅甸和克伦人,参见 Gravers(1996)。

的基石和"精髓"。①

但是问题的关键,在于精英的理念和计划能在多大程度上与大多数特定群体的情感和观念相符合?我们还能脱离精英们的民族计划回去讨论"大众"民族主义,一种"人民的"日常民族主义吗?继迈克尔·比利格开创性地分析了西方"平庸"或根深蒂固的民族主义之后,这一直是引发大量争议的主题。在谈到许多显而易见的"未挥旗"的平庸主义者时,比利格认为,在政治、体育、旅游、新闻和天气预报等不同领域,民族设想奠定了我们日常活动和思维的基础。他认为,"我们"和"他们"、"国内"和"国外"等二分法在我们的语言实践中根深蒂固,而西方社会公开承认的多元文化主义,也扎根于仍未动摇的民族主义信仰和实践框架之中。②

同样,许多学者摒弃了民族主义传统的"宏大叙事",而日益专注于绝大多数人,即"普通人民"的民族主义思想和文化实践。他们对民族的大众话语、象征意义的再现,以及在民族主义大众消费中,民族品味和偏好差异的表达特别感兴趣。其结果是他们创建了一个该研究的子领域"微观民族主义",与传统学术的"精英叙事"相分离,有时甚至对立。③

所以在许多方面,这是一种令人耳目一新的方法和富有成果的

---

① Koumarianou(1973)和 Kitromilides(1979)讨论了希腊知识分子;关于希腊神职人员的角色,参见 Frazee(1969)和 Hatzopoulos(2005)。Juergensmeyer(1993)全面描绘了激进的宗教民族主义和神职人员,主要在亚洲;关于印度民族主义,参见 Brass(1991),van der Veer(1994)和 Jaffrelot(1996)。关于阿拉伯民族主义、语言和伊斯兰教,参见 Suleiman(2003)。

② 参见 Billig(1995)。关于英国最近的辩论,参见 Kumar(2003, ch.8)。

③ Fox and Miller-Idriss(2008)提出了关于"日常民族主义"独立研究领域最有力的论据和纲领。Edensor(2002)对英国大众的民族主义作了启发性研究,另见 Yoshino(1999)关于民族主义"消耗"的有趣文章。

分析领域，因为现有文献相对忽视大众的民族思想和偏好。如果经常向人们表达民族思想的重要性，揭示非精英和底层民众的民族思想和情感的运作，那么研究"日常民族生活"，无疑扩大了我们对这个领域的理解。然而，它也有很多局限性。一方面，它往往无法区分"人民"的各种阶层、地区和族群，他们中的每一个人都可能有不同的想法，有不同的情感和偏好。另一方面，它的分析往往局限于各民族国家（主要是西方国家）的群体，即使只是因为在这类研究中采用了民族方法。但是，从族群—象征的角度来看，研究日常民族生活的主要问题是缺乏历史维度。早期建立的共同体几乎没有世代传承意识，几乎没有意识到民族机构的持续作用，也没有意识到记忆、传统、仪式、神话和象征的遗产中所表达民族信仰和观念的核心地位。此外，民族主义既是一种精英现象，也是一种"大众"现象：将精英意识形态运动、"人民"及其记忆、神话、象征和传统作为关注焦点，而大众运动则从民族主义精英的理想和目标中寻求表达和行动。因此，"日常民族生活"作为一个概念只能在"历史民族"理论的框架内具有指导意义，这个概念建立在大众和精英的"族群历史"基础之上，是广为流传或默认接受的民族认同或民族独特性，它们是民族共同体成员之间相互讲述的故事，浓缩了一个共同体代代相传的共同记忆、价值、神话和传统。①

"人民的宗教"

对于大多数学者来说，民族主义是一种世俗的意识形态和运动，其政治表现通常是公民的和共和的。现代主义对民族主义哲学谱系

---

① 这些问题更充分的讨论，参见 A.D.Smith（2008b）。

的解读是一致的,从卢梭和康德到赫尔德,再到费希特和德国浪漫主义,对卢梭来说,是公共意志;对康德来说,是自主意志;对赫尔德来说,是文化的多样性构成了民族自决的基础。这些都是彻底的世俗概念:公共意志是至高无上的,自主的人类只遵循自己内在的道德法则,而多元文化则反映了人类才能和成就的多样性。事实上,在这种解读下,只有当上帝被移到世界和社会的边缘时,民族主义才会出现。①

同样,民族主义也没有将上帝放入它的主要信条中。这一信条教导人们,人类分为各个独特的民族,政治权力存在于各个民族之中,而为了获得自由,人类必须属于一个民族,并对这个民族忠心耿耿,各民族必须拥有最大程度的自治和自我表达。这一信条支撑着这个世界的世俗意识形态和信仰体系,在这个世界中,衡量万物的不是上帝,而是人类。民族主义的主要目标——自治、统一、认同或个性——谈论的是人类的自我解放,而不是上帝的干预。它对领土、景观和边界的关注,与其说是对超凡世界的关注,不如说是对人世间的关注。②

因此,法国大革命期间第一次爆发了民族思想和民族主义运动也就不足为奇了。在这里,人们第一次宣布民族在其自然疆界内的统一、人民的主权和自决权以及对一个民族及其语言和公共文化的认同感成为一种准则。法国民族采用了新的国旗,启用了新的日历,为共和国唱了一首新的赞美诗。在维纳辛(Venaissin)和阿维尼翁

---

① 对于 Kedourie (1960) 来说,尽管赫尔德对文化多样性的关注是基于上帝对人类的计划,但知识分子的血统是通过康德、费希特和浪漫主义者实现的。其他人,如 Cobban (1964) 和 Bell (2001) 强调卢梭和18世纪法国知识分子传统的贡献,其中对上帝的信仰已日益私有化。

② 关于领土和民族认同,参见 Hooson (1994) 的文章。关于民族主义学说的理论,参见 Dieckho and Jaffrelot (2005, Part I)。

(Avignon)两个飞地,举行了第一次公民投票,已表明民族对人民的忠诚。在他们去基督教的运动中,法国雅各宾派领导人已经非常清晰地表达了激进世俗民族主义。在这方面及其他方面,法国不仅能够以武力输出他的民族主义革命,而且更重要的是,在接下来的两个世纪里,世界上大多数新成立的民族都效仿他。①

然而,这只是一种说法。在过去几十年,我们看到了一种通常称为"宗教民族主义"(religious nationalism)的转向趋势。在穆斯林世界,如印度、东南亚部分地区,以及北美,传统宗教领袖已经接纳了民族,并试图将其从世俗民族主义者手中夺回。在印度和伊朗,新传统主义知识分子和牧师试图在西化的影响中维持自己的民族,恢复之前的宗教价值、信念、象征和传统。这不仅仅是埃里·凯杜里所描述的民族主义与传统宗教的战术联盟,它代表着一种新的民族主义形式,使我们质疑民族主义是一种纯粹世俗的意识形态运动的普遍假设。②

难道这真的是一种新的民族主义形式吗?如果我们回顾民族主义的起源,我们不仅会发现卢梭和康德激进的哲学谱系,还会发现沙夫茨伯里勋爵(Lord Shaftesbury)、博林布鲁克(Bolingbroke)和孟德斯鸠(Montesquieu)的遗产,以及早期英格兰、苏格兰和荷兰清教徒"圣约"(covenantal)民族运动的例子。这种双重遗产的关键是"被选中的人民"和"民族精神"的概念。作为通过"拣选"

---

① 关于法国大革命的民族主义,参见 O'Brien(1988b)、Strachan(1988)和 Schama(1989)。关于去基督教化运动和随后的上帝宗教运动,参见 Aston(2000)。

② 关于印度的"宗教民族主义",参见 van der Veer(1994)和 Jaffrelot(1996);关于伊朗,参见 Keddie(1981)。虽然 Juergensmeyer(1993)强调宗教,Tønnesson and Antlöv(1996)的论文把宗教仅仅看作几个方面中的一个。关于世界各地宗教复兴的影响,参见 Kepel(1995)。

寻求救赎的副产品，改革派新教在五旬节模式（Pentateuchal model）上提升了被选中民族的地位，尤其是荷兰的加尔文主义者，他们认为自己是雅各的现世子孙，摆脱了（西班牙）法老的压迫，来到了充满自由和财富的应许之地。16 世纪末和 17 世纪的苏格兰见证了一系列人民的"民族圣约"（National Covenant）运动，这也是建立在旧约的基础上，并包含了一个纯净的选民教会的理想。在英格兰，克伦威尔统治下的清教徒联邦的遗产也是英格兰的传教思想，后来英国成立，帝国治理延用选举这一做法。这就是沙夫茨伯里勋爵等人提出的"民族精神"概念的文化背景，即民族性格和独特性的普遍信仰，也是雅各的后代（即犹太民族）曾经享有与上帝的特殊关系的类比表达。因此，即使我们继续把大革命期间的法国视为第一个民族主义的例子，我们也必须修正我们对民族主义意识形态的思想谱系及其纯粹世俗性质的看法。①

但质疑民族主义的纯粹世俗本质这一论点还有个最根本的原因，那就是它作为一种公共文化的角色，有着自己的政治性象征、符号、仪式和实践。严格地说，民族主义作为一种政治学说，它可能是世俗的；但是作为一套不断重复的文化实践，它以一种宗教形式新的面貌出现，一种以这个世界和人类为中心的宗教，当然也是世俗的。尽管如此，它仍是一种宗教，因为民族是它独特的神灵，主权的人民作为选民，进而区分神圣的民族和世俗的外来物体和象征，对民

---

① 18 世纪的英国新教在 Colley（1992）的研究得到了强调。对 17 世纪英格兰清教民族主义的批判，参见 Kumar（2003, ch.5），尽管他倾向于赞同汉斯·科恩关于其在内战中的重要性的观点，参见 Kohn（1940）。Gorski（2000）为荷兰版本的加尔文民族主义提出了一个强有力的案例；Ihalainen（2005）认为，在新教英格兰、荷兰和瑞典的官方布道中，旧约的类比和语言一直延续到 18 世纪。关于新教徒在阿尔斯特和南非使用《盟约》和《出埃及记》，参见 Akenson（1992）。另见 A.D.Smith（2007a）关于"契约"民族主义早期阶段的论述。

族历史和命运有强烈的信念,最重要的是对自己的民族礼仪和庆典有强烈的信念。正如鼓动者在1792年的请愿书中所说:"故乡的形象是唯一可以崇拜的神性。"①

我们可以在1772年卢梭对波兰人的忠告中看到这种对民族仪式和庆典的坚持,他倡导保持民族学校、节日和比赛来保持民族精神,因为他们就要失去自己独立的国家。也可以从卢梭的革命追随者喜欢在法国的巴黎等城市组织盛大宴会中看到这种坚持,这些活动旨在庆祝爱国主义,并动员公民为民族发扬美德和英雄主义。还可以在19世纪的许多欧洲民族主义运动中蓬勃发展的各种各样的合唱、学生和体操社团中看到这种坚持,这些运动有助于举办定期的大众庆祝活动,比如1817年在沃特堡城堡举行的庆祝活动。在每一种情况下,这些仪式都有助于建立一个由信徒组成的共同体:民族成员进行集体的自我崇拜,并宣布他们愿意为民族而生,为民族而死。②

当然,尽管这种"世俗宗教"(secular religion)可能与传统宗教共存,甚至与它们结盟,但它不但与传统宗教不同,而且还反对传统宗教。它是一种"世俗的"宗教,一种"人民的宗教",它崇拜的对象是民族的"神圣相通性",把死者、生者和尚未出生的人联系起来。民族主义作为一种世俗的、政治的宗教形式,把人民和公民上升为主要的崇拜对象,把他们与祖先的土地、圣人和英雄的圣地和景观联系在一起。在这方面,民族主义显得新颖而现代。与此同时,民族主义从形式上和内容上都借鉴了许多传统宗教的主题、

---

① 关于民族主义是一种世俗宗教,参见 O'Brien(1988a)和 A. D. Smith(2003a, ch. 2)。关于法国案例,参见 Bell(2001, ch. 1)。

② 关于卢梭的建议,参见 Watkins(1953, 159–274)。Herbert(1972)描述了一些重大革命庆典的仪式和典礼。Mosse(1975, ch. 3)分析了在沃特堡城堡举行的仪式,是群众民间宗教的早期形式。

信仰和仪式,如族群神选的神话、家园的圣洁和领袖的救世主角色。①

也许这种世俗宗教最好的例子在于为纪念在战争中"为祖国"牺牲的士兵而举行的许多民族仪式与庆典。在这里,很难将宗教与世俗民族主题分割开来。在个人层面上,这一仪式是私人和悲痛的,也是对残忍的屠杀和无法估量的损失的承认。但在集体层面,它是一个严峻而庄严的提醒,提醒人们关注共同体的命运、面对敌人时民族的存亡,以及年轻人为实现民族复兴而不断流血牺牲。牺牲带来了重生和救赎的希望,而这种希望的象征意义带有宗教色彩,或直接借用宗教主题和礼拜仪式。在西方,十字架象征着人类的牺牲和复活,而在两次世界大战中,则象征士兵们自己的复活,就像斯坦利·斯宾塞(Stanley Spencer)在伯格勒(Burghclere)创作的巨幅壁画《复活》(*The Resurrection*,1928—1932)中所表现的那样,每个士兵都拿着自己的十字架,象征着这个民族胜利的命运。正如伦敦白厅的纪念碑,既是每个人的坟墓,又是没有人的坟墓,包含着整个共同体的死亡和复活,因此,每年的纪念仪式都按部就班重演,追忆失去和死亡的残酷故事,以及最终胜利的希望。②

当然,公民宗教的概念并不新鲜,我们已经在卢梭和托克维尔(de Tocqueville)身上找到了。但不太为人所知的是,民族主义既是

---

① 关于被选中的民族,参见 Hutchinson and Lehmann (1994)、Hutchinson and Lehmann (1994) 的文章。关于民族主义"内心世界"宗教更充分的讨论,参见 A.D.Smith (2003a, ch. 2)。

② 关于斯宾塞在伯格勒的复兴,参见 K. Bell (1980, 96-113)。Winter (1995, ch. 4) 分析了白厅纪念碑和其他"一战"纪念碑的象征意义。关于战争经历的崇拜,更广泛地说,关于阵亡者墓地的作用,参见 Mosse (1990)。Marvin and Ingle (1999) 探讨了"血祭"的概念和美国国旗的象征意义,以及 Grant (2005) 探讨了美国的民族主义和共同的记忆。

一种信仰体系，又是一套习俗仪式，也是公民宗教的一种形式，还可能是最广泛和最持久的一种形式，一种与英雄个人和群众都有着密切联系的形式。一方面，它推崇诸如赫尔曼（Hermann）、圣女贞德（Joan of Arc）、阿尔弗雷德（Alfred）、威廉·泰尔（Wilhelm Tell）、亚历山大·涅夫斯基（Alexander Nevsky）等民族英雄及其崇高英勇的功绩，并成为共同体钦佩和仿效的榜样。另一方面，它提升了人民大众，特别是普通士兵的地位，使他们成为共同体及其命运的化身。这意味着民族主义既是英雄个人的宗教，也是长期受苦的大众的宗教。这也意味着不应该简单地将民族主义与其他政治意识形态进行比较，它的内涵更丰富、更深刻，包含更普遍、更神秘、更包容、更符合生命和死亡的终极问题。相反，安德森认为，尽管民族主义有种种"世俗的"考量，但它必须与其他宗教进行比较，尤其是因为它在子孙后代和民族命运的观念上，与传统宗教对永生和来世的关切相一致。也许，民族主义将宗教和世俗独特地结合在一起，透过个人与民族大众的日常世界，看到了集体死亡与民族复兴的救赎剧。①

多样性与统一性

我把民族主义描述为人民的一种世俗宗教形式和一种争取民族

---

① 关于民族主义是一种个人英雄主义和长期受苦的群众的宗教，参见 A. D.Smith（2003a, ch. 9）。关于安德森对民族和民族主义的思考类似于宗教，参见 Anderson（1991, ch. 1, and 1999）。类似的关于普通士兵的英雄主义的观点，也适用于第一次世界大战中不幸的加里波利登陆事件，在澳新军团日的澳大利亚纪念仪式上，特别是在堪培拉的国家战争纪念馆有时如此，关于此，参见 Kapferer（1988）。关于民族主义作为一种公民宗教形式，参见 Mosse（1994）。

统一、自治和认同的意识形态运动,这并不是要尽量减少其历史形式的多样性,也不是要减少这些运动形式之间的政治差异。它们在组织、仪式、领导和社会遵循方面存在差异。在意识形态取向上,特别是在比较有机的和比较唯意志主义的民族主义之间也存在着差异。正如我们所看到的那样,还有一些不同之处在于民族主义者寻求建立和推进民族形成的路径,特别是在通过官僚吸纳(包括殖民主义)形成的民族和其他通过各种方言动员的方式来反对多民族帝国而形成的民族之间的差异。这些差异深刻影响了不同民族主义的思想观念和政治政策。①

我们也不应忽视更广泛因素的影响,例如指定的共同体的地缘政治局势、它的历史以及关于敌对和联盟的共同记忆。欧洲和世界这段时期的历史至关重要,见证了民族主义运动的开始,不仅推进实现民族目标的技术手段因时而异,并且表达民族主张的语言和概念也发生了变化。但是,最深刻的差异或许与社会公共文化的政治传统有关——它的仪式、庆典、符号和政治象征——以及这些文化在多大程度上反映了等级制度和王权精神、圣约和大众精神,或者公民和共和精神。我在其他地方试图指出,这三大传统在连续多个时期内产生了不同的民族主义历史形态,它们之间的相互关系至今仍影响着各个民族的性格和民族主义。②

然而,尽管存在这些差异,用欧内斯特·盖尔纳的术语"普遍的民族主义"来讨论还是有意义的。的确,我们不可避免地把民族

---

① Hayes(1931)、Kohn[1944(1967)]和 Plamenatz(1976)已经研究了意识形态取向的差异。关于文化和政治民族主义,尤其参见 Hutchinson(1987)和 Dieckho(2005)。其他更全球化的类型学出现在 L. Snyder(1968)、Gellner(1983)和 A. D Smith(1983, chs 8 and 9)。

② 关于公共文化的三大传统,参见 A.D.Smith(2008a, chs 4-6)。Mayall(1990)分析了国际体系的影响。

主义看作一种独特的意识形态和实践现象，其历史运动的多样性在不同程度和形式上体现其纯粹类型的主要特征，并且其拥护者支持"核心学说"的主张。理想型民族主义的主要特征不仅包括民族或准民族的自治、统一、认同或独特性这三个主要目标，而且还包括文化多样性、真实性、集体尊严、历史祖地、民族祭祀以及民族历史和命运等中心主题。虽然不同运动在不同连续时期内不同，但我们可能发现"民族主义者"的许多主题和仪式与其他意识形态相反，更不用说主要目标和核心主张了。而且，在其他因素相同的情况下，这些因素表现得越强烈和广泛，所涉及的意识形态运动就越强大。

对于族群—象征主义者来说，民族主义的统一性和多样性同样重要。族群—象征主义者允许在统一的领域内对象征和社会维度进行概括，统一性作为一种"世俗宗教"的特征使人们能够将它与其他宗教相比较。多样性鼓励对特定民族主义的具体象征、价值、传统、神话和仪式进行仔细研究，建议对民族主义运动进行跨领域的比较和对比，并且强调民族经验和实践的多样性也有助于我们把民族主义运动置于其意义和记忆的历史背景中。在任何一种情况下，即便在挑战现代主义框架的情况下，族群—象征分析都是对现代主义框架的补充和扩展。通过运用政治考古学、真实性、历史民族性、复兴主义和世俗宗教等概念，族群—象征法将我们的注意力引向民族和民族主义的主观和表现层面，引向行为者的动机，包括民族精英和讨论中的由广泛人口构成的各种群体。理解的关键既不在精英中，也不在大众之中，而是在它们二者之间的相互作用和相互关系中，族群—象征主义者试图在民族主义动员的过程中以及对民族形成的贡献中，给予精英和大众两大群体应有的权重。

第五章　民族的存续与变革

81　　通常认为民族主义是 19 世纪的现象。许多地区也将民族视为过去时代的纪念品。在当前的"后民族"时代，在地方和全球的辩证关系下，只有像欧盟这样的国家集团和联盟才有能力应付诸如环境污染、毒品走私、移民、恐怖主义和全球流行病等问题。这些问题超越了国界，并非民族国家可以独立控制的。此外，在同一国家内，日益增长的族群混合以及文化混合使得传统的民族认同叙述日益混杂并且支离破碎。当民族国家及其精英阶层宣扬官方价值、传统神话和象征时，构成其人口的各个共同体却各行其是，坚守自己的文化和宗教。最重要的是，自由个人主义破坏了民族国家的政治团结，取而代之的则是个人利益和个人偏好至上的福利竞技场。

　　这些发展在许多方面并没有什么新意，近几个世纪以来一直存在全球化的压力，全球化趋势或许更早开始盛行。大众传播可能加速并普及了这些趋势，但正如威廉·麦克尼尔（William McNeill）所证明的，它们只是恢复了在"民族国家时代"之前广泛存在的进程和变化。或许，更重要的是，由于移民和战争，民族国家从来就不像人们有时设想的那样紧密、统一或同质，也不像一些民族主义者所希望的那样，因此上述情况是基于对民族国家的一种相当神秘的描述。至于政治团结，在所谓的民族国家高峰时期，即1900年左右，大多数民族国家都遭受了激烈的阶级、宗教和地区冲突。事实上，这仅仅只是一个生存问题：民族国家如何（或多或少地）保持它的完整性，并保持对日渐增多的特定群体的吸引力？它们可以利用哪些物质和象征资源继续生存和发展？①

物质资源在文献中是众所周知并时常讨论到的。现代主义者强调民族国家工业基础设施、财政资源、政治机构和军事组织的重要性。在这方面，国家建设是重要的组成部分，民族共同体处于次要的从属地位。相反，对于族群—象征主义者来说，民族共同体必须占据舞台中心位置，因此，象征资源应该得到更大的重视。这并不是说民族不需要以教育和文化机构等为首的物质资源，但是，物质资源很难从它们的象征维度和目的中分离出来，虽然我一开始仅仅考虑这些体系的某些方面，但不知不觉就讨论分析各民族更深刻的象征和文化资源。

语言和公共机构

现代主义中最具影响力的两种民族主义理论都强调文化资源。教育系统是欧内斯特·盖尔纳理论的核心。正是现代教育的标准化、群众性、系统性以及学术性，使它从以往的教育中脱颖而出，并使

---

① 事实上，只有少数几个民族国家保持完整，历史悠久的英格兰、苏格兰、荷兰、法国、西班牙、丹麦、瑞典、俄罗斯和1918年恢复的波兰，关于此，参见Seton-Watson（1977）。但是，在这段时间里，他们是民族国家的世界领袖和标兵。关于全球趋势，参见McNeill（1986）和Hutchinson（2005, ch.1）。关于阶级与民族的交织，参见Mann（1993, ch.7）。对所谓的"全球文化"的批判，参见A.D.Smith（1995, ch.1）。

其在产生民族和民族主义方面卓有成效。正如现代社会对大众识字率的要求使语言成为有效的边界标志一样，大众教育的需求维持了民族的规模性。语言也是本尼迪克特·安德森理论的核心。对安德森来说，民族本质上是有界限的印刷共同体，要通过"印刷资本主义"传播文献，必须使印刷书籍和报纸传播的语言标准化。这一过程在16世纪的欧洲得到了极大的促进，因为新教的发展，坚持个人和团体阅读《圣经》，并通过统一的标准化书面语言，满足君主和官僚对有效领土权力的行政要求。这些发展共同促进了具有内在凝聚力的地域性语言共同体的形成。①

这两种理论的出发点都运用了赫尔德式的民族是语言共同体的概念。这并不令人意外，因为赫尔德对19世纪经典民族主义发源地东欧的影响深远，以及语言学和词典编纂学对民族主义兴起十分重要。但是，对这两位理论家来说，语言和文化的作用在很大程度上取决于大众教育或印刷共同体对它们的使用程度。即使是安德森，他本以探索文学文本来建立他们所想象的共同体的社会学内容，却将这些内容牢牢地与城市现代化的到来相联系，而不探索民族主义者抱有的民族理想或民族主义者所推崇的民族自决的意识形态，这些民族主义者为了自治或主权独立，试图统一和动员特定的族人。语言和文化的作用是确定和区分共同体，而不是塑造和渲染民族。

然而，考虑到语言和方言的流动性，以及影响某一特定群体选择语言的诸多因素，我们不禁怀疑是否有必要如此重视语言划分。我们在英语国家和阿拉伯世界都看到了这些局限性，在那里，单一的共同语言已不足以统一广大地域和各大洲具有不同历史背景的政

---

① 关于盖尔纳的一般理论，参见Gellner（1983）。盖尔纳关于普通教育和专业教育的作用的理论是在Gellner（1973）中提出的。关于"印刷资本主义"的作用，参见Anderson（1991, chs 1—3）。

治群体。正如约翰·阿姆斯特朗所指出的，尽管欧洲斯拉夫语、日耳曼语和拉丁语群体之间存在"断层线"（fault-lines），但语言选择取决于宗教和政治因素。这并不是说语言及其习语没有什么意义，而是它们必须被视为文化整体的一部分，着力于创造族群成员之间的亲密感，以及与外界的差异感。①

类似的情况也适用于常常伴随民族复兴的各种各样的教育和学术机构——图书馆、博物馆和大学。现代主义者通常强调文化机构的社会化效应及其带给民族的连续性。但是，这些文化机构在创造民族的叙事、形象和道德方面所发挥的作用是重要的，同样重要的是作为文化网络的一部分，它们团结民族成员并将其与外界区别开来。民族公共博物馆的发展方式清楚地表明了这一点，国家公共博物馆往往来自私人收藏，但此后在国家的支持下，在美学或历史标准的指导下发展起来。无论哪种情况，都是达到民族标准的：无论从不同的文明层面，还是绘画、雕塑和建筑的民族流派层面，展览的物品和工艺品都在讲述这个民族及其伟大祖先的故事。甚至存放展览品的建筑物，无论是古典式还是哥特式的，迄今还能看出民族的标志。②

---

① 语言和方言的流动性，参见 Haugen（1966）和 Fishman（1972），关于语言上的"断层线"在欧洲的作用，参见 Armstrong（1982，ch. 8）。Leersen（2006，especially Appendix）探讨了语言尤其是语言学的作用，而 Laitin（2007，ch. 2）提出了一种协调选择的民族认同理论，而语言的使用，这一最明显的指标，则被视为一种"小费游戏"。尽管存在深刻的历史和政治分歧，关于阿拉伯语在提供泛阿拉伯认同方面的作用，参见 Suleiman（2003）。所有这些论述都在一定程度上借鉴了赫尔德关于文化多样性和语言是民族认同关键因素的假设。

② 关于博物馆的历史发展，参见 Boswell and Evans（1999，Part III）。一个特别有启发性的例子是墨西哥民族人类学博物馆，可参见 Florescano（1993）；关于19世纪早期，法国、西班牙和英国民族美术馆与民族认同的形成之间的关系，参见 Tomlinson（2003）。

现代主义者当然会声称，文化机构的民族化宗旨是将现代民族主义意识形态转化成具体术语的又一例证。例如，在"启蒙运动"时代，英国、法国和西班牙的公共画廊是为百科全书式的目的而成立的，直到拿破仑战争之后才转变为"民族"画廊，它们以绘画来突出"民族流派"同样具有现代性。然而，这只是故事的一部分。迄今为止，许多公共博物馆、图书馆和画廊的内容都体现了（实际上是象征了）典型的民族维度，因为它们见证了这个民族的"起源"或其所谓发展的"早期阶段"。这些维度反过来又在大众意识中形成了现代民族的基本符号。诚然，18 世纪末和 19 世纪现代主义者聚焦"真实"符号的追求。但那些所谓代表这个民族的艺术品受到风格、起源或年代的限制，因为通常都是前现代的，在文化上不可被替代。更重要的是艺术品瑰宝，比如希腊的阿伽门农面具、爱尔兰的阿德圣餐杯、丹麦的勒斯和"金角"，或者苏格兰的《阿布罗斯宣言》（*The Declaration of Arbroath*），帮助人们塑造了自己民族的性格和历史的形象，他们自己的关切影响了对体现民族"本质"的艺术品的选择。①

知识分子的角色

同样地，过去和现在的关系可以从知识分子和艺术家对民族类

---

① 关于阿伽门农面具，参见 Gere（2007）引人入胜的研究，关于阿德圣餐杯和爱尔兰的艺术复兴，参见 Sheehy（1980）。Sorenson（1996）说明和讨论了丹麦的勒斯和"金角"，Duncan（1970）重新提出和讨论了《阿布罗斯宣言》，也可参见 Cowan（2003）。Carmen-Elena Popescu（2003）讨论了寻找"真正的"罗马尼亚建筑；匈牙利人在国际展览中的自我表现（Terri Switzer 2003），另见 Hirsh（2003）关于 19 世纪晚期瑞士的自我形象。

型、描绘民族形式和民族精神方面巨大的影响中看出。我已经考虑到有关知识分子在民族主义运动中所扮演的角色的辩论，而且在民族理念和形象创造者小众群体的讨论中，也发现很多相同的观点。但在我看来，知识分子和艺术家在开创发展民族主义意识形态方面树立了一个更有力的榜样作用，因为许多民族主义运动起源于哲学家、诗人、语言学家和历史学家的小众群体，他们的许多想法都是由作家、艺术家和音乐家以有形的形式提出的。这些人重新发现、选择和解释了现存的族群象征、记忆、神话、价值和传统，并从中塑造了这个民族的叙事。①

习惯上认为，这些知识分子与民族同步发展形成了一个严格意义上的现代阶层，因此在古代和中世纪的传统社会中，他们是祭司和文士的现代对应阶层。但这种看法不仅忘却了文艺复兴的人文主义者以及古代世界的诗人、哲学家、诡辩家和演说家的独立贡献，而且忽视了他们长此以往富有创造性和重要性的传统，这个传统塑造了许多现代知识分子对"民族"的过去以及"民族"特有活动的态度和看法。当然，在许多情况下，只有少数知识分子和艺术家参与了民族构想。但是，即使在那些相对不关心政治的人当中，即使只是在他们的语言和文化受众方面，民族和"民族的世界"的观念也在很大程度上塑造了他们的哲学观和美学观。我们可以在18世纪晚期和19世纪的诗歌中看到这一点，比如华兹华斯和席勒的诗歌，

---

① 对于 Leersen（2006）来说，语言学家和词典编纂者在民族认同的形成中发挥了重要作用，尤其是在德国和东欧。他特别引用了 Jakob Grimm（see pp. 122-24, 146-52, 179-85）。但是，从冯·兰克和米歇莱到帕拉茨基和帕帕利戈普洛斯等民族历史学家的研究也可以提供同样有力的论据。诗人也在一定程度上帮助表达了同时代人的民族愿望，尤其是爱尔兰的耶茨芝和以色列的比亚利克，关于此，参见 Hutchinson and Aberbach（1999），更普遍的，参见 Hutchinson（1994 and 2005）。

还有在欧洲音乐，尤其在演唱歌曲中，可以感受到德国浪漫主义情怀即使没有体现在莫扎特（Mozart）的《魔笛》（The Magic Flute, 1791）中，也体现在贝多芬（Beethoven）、舒伯特（Schubert）和卡尔·玛利亚·冯·韦伯（Carl Maria Von Weber）的一些作品中。尽管直到一代人之后，对"民族"主题的更坚定的追求才在古典音乐中流行起来。虽然音乐的政治用途显然是在现代开始的，但民族思想的一些文化内容却源自更古老的精英或民间传统。对于民族主义知识分子来说，这只是选择的问题，即从这些传统、象征、神话和记忆中选择那些能够"证明"这个民族的真实性，也就是剔除后来衍生出来的元素来揭示民族的"真正本质"。就像18世纪晚期的建筑师勒杜（Ledoux）和劳吉尔（Laugier）试图回归小屋和门楣的原始简朴一样，民族主义诗人、画家和音乐家也渴望一种新的简洁表达以体现民族的自然和"真实"起源。因此，与宫廷生活和城市生活的做作和浮夸风格形成鲜明对比的是，人们追求流行形式和主题，反映了民族的源泉。①

音乐与视觉艺术

通常人们只关注人文主义知识分子的角色——词典编纂者、语言学家、哲学家、诗人和历史学家。对于实现、解释和传播民族思想，各种各样的艺术家起到了同样重要的作用，他们赋予民族思想可感知的"物质"或"实体"，将抽象转化为有形的形式。从19世

---

① 关于新古典主义建筑形式的简化，参见Rosenblum（1967, ch. 3）。关于德国和奥地利早期浪漫主义音乐，参见Whittall（1987, ch. 2）。A. D. Smith（1976b）讨论了"新古典"与早期"浪漫主义"艺术的互动。

第五章 民族的存续与变革

纪初开始，中欧和东欧的新兴民族主义开始激发作曲家和音乐家的想象力，这些作曲家和音乐家寻求新的音乐形式来表达与民族归属感有关的各种主题。在钢琴音乐中，肖邦（Chopin）将波兰精英和民间舞蹈，如波罗奈兹舞曲和马祖卡舞曲的一些节奏和流派翻译成他自己的语言，同时扩展了民谣、华尔兹和夜曲的新形式。在歌剧中，卡尔·玛利亚·冯·韦伯（Carl Maria von Weber），以及后来的瓦格纳和威尔第（Verdi），寻找魔幻和超自然的浪漫的中世纪情节和传说，以描绘古代英雄主义和自然的黑暗力量。这些场景并不受限于作曲家的民族和传统。可以通过其他民族的古老传说来传播同样的能量和奥秘：威尔第在《阿依达》（*Aida*）中描绘了古埃及人失去的爱情和爱国主义，在《纳布科》（*Nabucco*）中描绘了在巴比伦被掳的犹太人、热那亚领袖西蒙·波卡涅格拉（Simon Boccanegra）的胜利和悲剧，以及威尼斯摩尔人奥赛罗的嫉妒；就像了解《尼伯龙根指环》（*The Ring of the Nibelungen*）中冰岛和日耳曼的神话一样，瓦格纳对特里斯坦（Tristan）和伊索尔德（Isolde）的凯尔人特布雷顿传说同样驾轻就熟。①

可以在独具特色的浪漫主义音乐形式、交响乐或交响诗的作曲家中找到"历史流动性"，罗伯特·罗森布鲁姆（Robert Rosenblum）用这个术语来形容18世纪晚期的艺术家。尽管在柏辽兹（Berlioz）的《幻想交响曲》（*Symphonie Fantastique*）、门德尔松（Mendelssohn）的《仲夏夜之梦》（*A Midsummer Night's Dream*）和贝多芬的《田园交响曲》（*Pastoral Symphony*）中都有所体现，但

---

① Whittall（1987，ch. 6）简短地讨论了肖邦的民族浪漫主义，也可参见Samson（2007）。关于威尔第与瓦格纳民族歌剧的对比，参见Arblaster（1992，chs 4 and 5）、Rosselli（2001），Whittall（1987，chs 7 and 8）和Einstein（1947，ch. 16）。关于北欧神话的精彩描述、它们在现代被接受和瓦格纳的重新改写，参见O'Donoghue（2006，chs 6 and 7，especially 132-45）。

它本质上是一种新颖的形式，试图将诗歌文本的精神转化为相对自由的音乐思想。这种形式的伟大先驱是弗朗兹·李斯特（Franz Liszt），但这一时尚却风靡了好几个国家——从波希米亚德沃夏克（Dvorak）的《午时女妖》（*Noonday Witch*）到斯美塔那（Smetana）具有爱国情怀的《沃尔塔瓦河》（*Ma Vlast*），再到俄罗斯柴可夫斯基（Tchaikovsky）的《罗密欧与朱丽叶》（*Romeo and Juliet*）和里姆斯基·柯萨科夫（Rimsky-Korsakov）东方主义者的《舍赫拉查达》（*Scheherazade*），以及芬兰西贝柳斯（Sibelius）黑暗神秘的《图内拉的天鹅》（*The Swan of Tuonela*）和他黯淡的《塔皮奥拉》（*Tapiola*），还有英格兰埃尔加（Elgar）戏剧性的《福斯塔夫》（*Falstaff*）。就像浪漫主义运动本身，交响诗歌似乎特别适合表达民族情感，尤其适合描绘民族历史英雄戏剧和独特的民族景观。西贝柳斯的交响诗为这两者提供了生动的例子。一方面，在芬兰史诗《卡莱瓦拉》的叙述中，列敏凯宁（Lemminkainen）的四个传说为芬兰英雄的生活和遭遇提供了连续不断的富有诗意的情境。另一方面，像《塔皮奥拉》这样的交响诗使人联想起芬兰森林景观的神秘和恐怖，阐释了作曲家在谱子前引用的《卡莱瓦拉》诗句：

> 广袤的森林，北国的昏暗森林，
> 古老、神秘、沉郁的野蛮梦境，
> 里面住着森林里强大的上帝，
> 黑暗中的木精灵会编织魔法咒语。

总的来说，西贝柳斯的交响诗为芬兰民族提供了相对新颖的观念，即在遥远过去的一种英雄气概，以及扎根于自然环境、融入家园的感慨。①

从韦伯的《魔弹射手》(*Der Freischutz*) 到斯美塔那的《被出卖的新娘》(*Bartered Bride*),再到鲍罗丁(Borodin)的《伊戈尔王子》(*Prince Igor*),这种民族情感在各种歌剧中得到了高度的表达和戏剧性的宣泄。也许在这方面最激烈和最一致的是莫杰斯特·穆索尔斯基(Modest Mussorgsky),其历史剧《鲍里斯·戈都诺夫》(*Boris Godunov*,1868—1872)和《霍万斯基之乱》(*Khovanschina*,1872—1880)分别描述了16世纪末和17世纪俄罗斯君主和贵族的行为和冲突,但他的主要成就是把一部英雄民族历史剧的中心人物——俄罗斯人民的希望、恐惧和苦难呈现出来。穆索尔斯基在《霍万斯基之乱》中描述,由大祭司多西修斯(Dositheus)领导的基督教老信徒们的精神抱负和牺牲,与斯特雷西城守卫者(Streltsi'i Guards)的悲惨命运和各种诡计多端的贵族们的流放和死亡形成对比。穆索尔斯基让人感受到民族延续性和诗意,而在现实生活中,在彼得大帝统治前夕和统治前期,发生了一系列迥然不同的事件,突出了他眼中受苦受难的俄罗斯民族善良的本性,他们不可避免地

---

① Whittall(1987,[ch. 7 on Liszt,and chs 9 and 10 on a variety of national(ist) composers])讨论了作为一种音乐文学形式的音调诗。另见 Maes(2003,chs 7 and 8)对柴可夫斯基和里姆斯基·柯萨科夫的评价;关于西贝柳斯音调诗,参见 James(1983, ch. 3;for the lines at the head of the *Tapiola* score,see p. 111)。关于英国文艺复兴和埃尔加,参见 D. Martin(2007)。

成为贵族家庭和年轻沙皇彼得之间激烈斗争的受害者。①

但几乎在一个世纪之前,我们可以在画家和雕塑家的作品中找到类似的英雄主义、牺牲和民族根源的主题。早在17世纪,在荷兰和丹麦,古代或中世纪民族历史事件的绘画就已经由君主或执政者委托创作,例如丹麦的克里斯蒂安四世(Christian IV)或阿姆斯特丹摄政王(Amsterdam Regents)等,伦勃朗(Rembrandt)为阿姆斯特丹市政厅所作的《克劳迪斯·西菲利斯的密谋》(*The Conspiracy of Claudius Civilis*, 1661)就是一个著名的例子,尽管它算不上成功的画作。正是在18世纪中后期,尤其是在法国和英国,一种更为严谨的"历史画"兴盛起来。在伦敦和巴黎,皇家学院、皇家艺术学会和沙龙的墙上,代表美德、勇气和牺牲行为的历史和宗教绘画占据了最重要的位置。随着21世纪的发展,这些词汇逐渐成为说教式的手段,旨在激发钦佩和鼓励模仿英雄美德。这些主题通常取自希腊和罗马作家,例如李维(Livy)和普鲁塔克(Plutarch)的英文或法文译本:苏格拉底喝铁杉汁,登塔斯(Dentatus)拒绝贿赂,西皮奥(Scipio)表现出谦虚,托克图斯(Torquatus)献出背叛共和国的儿子。但是,除了这些朴素的古典主题,还有中世纪的民族道德:尼古拉斯·布雷内特(Nicolas Brenet)的《杜格斯林之死》(*The Death of Du Guesclin*, 1778)、路易斯·杜拉莫(Louis Durameau)的《贝亚德的克制》(*Continence of Bayard*, 1777)以及本杰明·韦斯特

---

① Maes(2003, ch.6)对《鲍里斯·戈都诺夫》和《霍万斯基之乱》进行了详细的分析,也可参见Emerson(1998, ch.4)。在普罗科菲耶夫(他的《战争与和平》)的作品中,和在谢尔盖·爱森斯坦(Sergei Eisenstein)导演的,令人难忘的普罗科菲耶夫为主演的电影《亚历山大·涅夫斯基》(1938)中,以及《伊凡雷帝》(*Ivan the Terrible*, 1942, 1946)的两部分中,俄罗斯历史剧延续到了下一个世纪,关于此,参见Eisenstein(1989), Leyda(1974), Taylor(1998)和A.D.Smith(2000b)。

(Benjamin West)受乔治三世委托创作的爱德华三世统治时期的系列作品（1787—1789），对百年战争中死去的法国英雄表达了强烈的敬意。①

美国贵格会教徒本杰明·韦斯特，后来成为乔治三世的宫廷画家，完美阐释了"历史的流动性"并关注"考古真实性"，罗伯特·罗森布鲁姆认为这是18世纪末，甚至是19世纪和20世纪初艺术的主要特点。韦斯特描绘了波斯人、犹太人、希腊人、罗马人、日耳曼人、中世纪和现代英国人以及美国历史，特别注意服饰、陈设、建筑物等时代物品，让观众对他想要传达的寓意毫无怀疑。诸如《日耳曼古灰烬的阿格里皮纳》（*Agrippina with the Ashes of Germanicus*，1768）等作品，属于仿古浮雕和爱德华三世之前更松散、更"哥特式"的《加莱义民》（*Burghers of Calais*，1788）为基础的严肃新古典主义风格；他的现代圣母怜子画《沃尔夫将军之死》（*The Death of General Wolfe*，1770）的形象描绘，教导人们自我牺牲的至高美德，在之后的两个世纪里，它成为这个民族戏剧中不可或

---

① 关于伦勃朗拒绝画《克劳丢斯·西菲利斯的密谋》（*The Conspiracy of Claudius Civilis*），西菲利斯是公元69年巴塔维亚人（Batavian）反抗罗马的领袖，参见 Rosenberg（1968，287-82）。塔西佗（Tacitus）在他的《史记》（*Histories*, books IV and V, on which see R. Martin 1989, 95-98）中记载了巴塔维亚起义的全部历史。格老修斯（Grotius）的《古物共和》（*Liber de Antiquitate Republicae Batavicorum*，1610）以共和党模式加以修饰，由奥托·范文（Otto van Veen）于1612年至1613年在十二幅画板上作画；参见 Schama（1987，76-77）。关于18世纪末19世纪初的法国"历史画"，参见 Detroit（1974）。Rosenblum（1967, ch. 2）分析了18世纪晚期欧洲历史绘画的性质和类型，并对这一时期在巴黎沙龙和伦敦皇家学院展出的历史绘画的类型和数量进行了分析，参见 A. D. Smith（1979b）。关于本杰明·韦斯特和他在温莎城堡的爱德华三世系列，参见 Erffa and Staley（1986, 192-203, cat. nos 57-76）。

缺的一部分。①

法国安格尔（Ingres）的历史和神话作品只是少了一点"历史的流动性"，但却更富有想象力和共鸣。和他之前的吉罗代（Girodet）一样，安格尔着迷于当代的奥西恩时尚，在他的《奥西恩之梦》（*Dream of Ossian*，1813）中，古吟游诗人用魔法马唤出困在冰冷寂静中的武装水晶人。安格尔以描绘希腊神话和罗马历史而闻名，他对中世纪法国和西班牙历史的探索［《1358年皇太子进入巴黎》（*The Dauphin Entering Paris in 1358*，1821）；《在布鲁塞尔的圣古都勒的阿尔巴公爵》（*The Duke of Alba at St Gudule, Brussels*，1815—1819）］显示出他对宝石般精准的怀旧风格的偏好，他通过研究弗罗萨特（Froissart）的《历代志》（*Chroniques*）等当代原始文献唤起了人们对民族历史的"哥特"世界的记忆。这一探索在描绘1429年场景的《圣女贞德在查理七世的加冕典礼上》（*Joan of Arc at the Coronation of Charles VII*）的画作中达到了顶峰。画面中，一位圣洁而好战的女战士站在镶嵌着珠宝的祭坛前，凝视着天空，以庆祝自己完成了民族使命，这幅画创作于1854年，将感性与精神的独特结合，是法国宗教民族主义复兴的一部分。②

民族主题，有时也称"民族"风格（通常是中世纪哥特式或类似的前现代风格），在芬兰、印度、俄罗斯和墨西哥等国的艺术家中流行起来。例如阿克塞利·加伦-卡勒拉（Akseli Gallen-Kallela）、

---

① 关于西方早期历史画，参见 Abrams（1986），Erffa and Staley（1986）。可以说，韦斯特后来较为松散的风格回归到巴洛克风格，但通过对温莎皇家收藏的盔甲和服装的仔细研究，他融入了中世纪的风格，参见 Irwin（1966，94-96）。

② 关于安格尔的中世纪绘画，参见 Rosenblum（1985，9-16，96-97，110-13，116-19，160-63）。对圣女贞德形象的各种政治解读，参见 Warner（1983），Winock（1997）。

拉维·瓦尔马（Ravi Varma）、瓦西里·苏里科夫（Vasily Surikov）和迭戈·里维拉（Diego Rivera）等画家都试图通过描绘民族历史传统中的形成性事件、性格和景观，赋予民族概念形象性和特征。他们的任务是双重的：使全体成员都能够触及和理解民族的理念，并帮助恢复和唤起民族记忆、象征、神话和传统。史诗、编年史、长篇小说和叙事史提供了出发点，现代小说和戏剧提供了特定的情节，但正是艺术家、诗人或作曲家的诠释和标志性的展示，描述并确定了特定场景，或者在民族故事的一系列静态画面上，把传说和历史变成通俗的戏剧和令人难忘的图像。尽管印刷品的广泛流通使具有开创性的民族形象传播到更广泛的受众中，但这种对历史民族记忆、神话、象征和传统的视觉再现，在多大程度上超越了学院、沙龙精英和中上层阶级，渗透进公众意识，目前尚不清楚。墨西哥壁画家利用耳熟能详的中心地段的公共建筑来绘制民族神话时期的壁画，尤其是迭戈·里维拉的《墨西哥的历史》（*Mexican History*），帮助传播和普及由奥布雷贡（Obregon）政府教育部长何塞·瓦斯孔塞洛斯（Jose Vasconcelos）提出的跨越墨西哥历史各个时期的民族融合思想。但是，在大多数情况下，考虑到上层社会在文化和政治方面的领导作用，各类艺术家在"实现"和传播民族"真实"形象和理想方面所发挥的作用是不可或缺的。如果说学校和军队为民族思想提供了机构和载体，那么是诗人、艺术家和音乐家为其注入了富有想象力的内容，并赋予其有形的、往往令人难忘的形式。①

90

---

① 关于阿克塞利·加伦-卡勒拉对《卡莱瓦拉》的场景的再现，参见 T. Martin and Siven（1984），Boulton Smith（1985）和 Arts Council（1986，104-13）。关于拉维·瓦尔马，参见 Mitter（1994，ch. 5），关于瓦西里·苏里科夫的历史画，参见 Kemenov（1979），关于迭戈·里维拉的壁画，参见 Ades（1989，ch. 7）。

民族的象征资源

但是，究竟是哪些记忆、传统、神话和象征构成了这个民族的思想内容，为各种各样的艺术家提供了塑造民族思想的文化资源？这些资源在多大程度上继续巩固当代世界的民族认同感？

一般来说，艺术家们从这几种资源中获得对民族基本维度的回答：祖先、共同体、领土、历史和命运。只有一个例外，即每一个维度都与第三章概述的民族形成的社会和象征性过程有关。先祖和起源的神话将自我定义的过程转化为象征性的术语；公共神选的神话构成了神话和记忆培养中最有影响力的因素；对神圣景观的热爱可能是领土化最强烈和最具影响力的方面；族群历史的神话记忆，尤其是族群黄金时代的记忆，呈现出一种独特的公共文化的理想化形象。唯一的例外是通过个人或集体牺牲来决定民族命运。与其说这与遵守法律有关，不如说是与公共文化的仪式和庆典有关。我将依次探讨这些问题。

先祖神话

正如我们在第三章中所看到的，集体自我定义的关键要素之一是存在一个或多个起源神话。在这里，我们需要做两组区分：一方面，是在赫西奥德（Hesiod）长诗或《创世纪》中发现的一般创世神话和人类的黄金时代神话；另一方面，是特定共同体特定起源的神话。在后者中，我们需要再次区分族群先祖神话和特定共同体的公民基础神话。其中，族谱神话最常见且反复出现。它们可以记录家族、宗族、部落、民族的先祖和谱系。例如古希腊后裔海伦（Hellen）的神话，日本的太阳帝国女神的后裔神话，土耳其奥古斯汗（Oguz Khan）族群的后裔神话，犹太亚伯拉罕（Abraham）的后裔神话，以及亚美尼亚祖先黑克（Haik）的后裔神话。公民基础神话也已经证明具有影响力。在西方，公民基础神话的原型是古罗马关于母狼和双胞胎罗穆卢斯（Romulus）和雷穆斯（Remus）的传说。在中世纪，意大利城邦之间流传着各种各样的神话，以及瑞士联邦的基础神话，其历史可以追溯到1291年的德国联邦议院庆祝其600周年纪念日的活动仪式，和896年匈牙利王国成立庆典如出一辙。在现代，我们也分别于1976年、1988年和1989年举行的美国、澳大利亚和法兰西共和国成立200周年纪念活动中发现公民基础神话。①

在族群起源神话和公民起源神话之间处于中间位置的是那些民族基础转变时期的神话。主要例子包括988年弗拉基米尔（Vladimir）统治下的俄罗斯皈依基督教，以及496年克洛维（Clovis）统治下的高卢，其后为法国提供了一个族群起源的神话，与巴士底日的公民基础神话形成了鲜明对比。就苏格兰人而言，我们也可以区分族群神话和民间神话，正如1320年《阿布罗斯宣言》的神话历史所述，苏格兰人和苏格兰来自埃及史考塔（Scota），另

---

① Spillman（1997）分析了美国和澳大利亚两国两百周年的纪念活动。1789年法国大革命两百周年纪念记录在Best（1988）的文章中，参见Gildea（1994），Nora（1997-98, Vol. III, Part 1）。Fraschetti（2005）分析了罗马的母狼神话。Kreis（1991）讨论了1891年的瑞士同盟庆典。关于日本神话中太阳女神的后裔，参见Oguma（2002）。Lewis（1968, ch. 10）讨论了土耳其血统神话和阿塔图尔克的太阳语言理论，另见Cinar（2005, ch. 4）。关于亚美尼亚的起源神话，参见Redgate（2000, 13-24）。

一个可以追溯到以《阿布罗斯宣言》本身为象征的 9 世纪王国统一时期。①

不管这些神话的历史准确性如何，它们的主要作用是增强集体归属感，并为该民族的世代成员提供安全、尊严和连续性。虽然在一些情况下，大多数人已经不再相信神话本身或者追溯神话的家谱，但事实上，一直到现代，人们仍然引用这些神话，而且在某些情况下依然证明它们有继续存在的意义。这样看来，这些神话象征和强化的先祖自我的信念，以及民族成员与民族外成员之间差异的信念在很大程度上仍然完好无损——我将再次提到这个问题。②

神选的神话

起源神话只是几个世纪以来为共同体成员提供文化资源的几种神话、记忆、象征和传统之一。在前现代时期，是牧师、文士和诗人收集并解释了这些象征资源。今天，艺术家和知识分子已经取代了神话创造者和记录者的角色。过去，由教士制定和颁布族群神选仪式；如今，宣布共同体价值和遗产独特性的重任落在了知识分子、教师和政治家身上。过去，是上帝选择了共同体；今天，更有可能是历史或自然选择"我们"作为"不可替代的文化价值"的承载者，用韦伯的话说，为了实现"我们的"独特使命，我们可以成为

---

① Broun（2006）和 Cowan（2003）探讨了苏格兰起源神话。Milner-Gulland（1999，91-6）对《俄罗斯原始年代记》（*Russian Primary Chronicle*）中记载的弗拉基米尔皈依神话进行了分析。关于弗兰克斯（Franks）和克洛维，参见 Pomian（1997）和《我们的历史》（*Notre Histoire*）纪念特刊（1996）。

② 正如 Billig（1995）为西方国家所证明的那样。关于起源神话的作用，参见 Hosking and Schöpflin（1997）和 A.D.Smith（1999a, ch.2）的文章。

自由和平等的灯塔，带来议会民主的福祉，也可以提供工业发展、社会进步和多元文化主义的典范。世俗化并没有改变民族神选的动力，只是改变了神选的方向：从像古代以色列那样将崇拜的世界神圣地分离，到像我们在现代西方所看到的那样干预的世界，族群神选的信念仍然是民族差异、团结和持久的基石。①

历史上有两种神选神话，圣约神话和传教士神话。第一个，按时间顺序，是神与族群之间契约的理想。在《摩西五经》中记载的以色列原型，人民是被上帝拣选的，并承诺遵守他的诫命、道德和仪式，因此，他们必须将世俗的世界与崇拜的世界完全分离。以色列人的理想是神圣的，要成为一个"圣洁的民族和祭司的国度"，从而给所有的民族带来福祉。事实证明这个理想极具影响力。亚美尼亚人、埃塞俄比亚人、英格兰清教徒、苏格兰人和荷兰人、阿尔斯特人、苏格兰人、美国殖民者、瑞士城邦和阿非利卡人都赞成该契约，并在此基础上建立了强大的族群和民族共同体。②

传教士神选的神话起源于早期的圣约，但后来变得更加普遍。在这些情况下，王国和民族被赋予一个上帝指定的任务或使命：成为正统信仰的堡垒，使异教徒和无信仰者皈依，扩展正义王国的疆界，甚至为独一真神征服整个世界。中世纪欧洲大多数的基督教王

---

① 关于神选神话，参见 Hutchinson and Lehmann（1994）和 A. D. Smith（1999c and 2003a, chs 3-5）。关于欧洲宗教认同和民族的模式，参见 D. Martin（1978, ch. 3）。

② 最近有大量关于族群神选契约神话的文献。关于犹太神话，参见 Nicholson（1988）和 Novak（1995）。Nersessian（2001）和 Panossian（2006）分析了亚美尼亚神话。关于这些神话对阿尔斯特新教徒、阿非利卡人和以色列犹太人的影响，参见 Akenson（1992）。关于阿非利卡人，也可参见 Cauthen（1997）。关于五旬节圣约对宗教改革后的英格兰、苏格兰和荷兰的影响，参见 A. D. Smith（2007a）。在英国、瑞典和荷兰的官方布道中，使用与古代以色列类似的宗教用语，参见 Ihalainen（2005）。

国，从爱尔兰、苏格兰到波兰和俄罗斯，更不用说皈依伊斯兰教的阿拉伯部落，承担了这些神圣的任务，从而为他们的统治者和民族赢得荣耀和优越性。宗教改革后，新教徒和天主教徒对传教士神选的信念更加坚定，这使欧洲统治者和民族对他们的教义信仰和世俗行为拥有至高无上的信心。随着法国和美国的革命，这些特征和信仰进入了现代世界各民族的世俗叙事。这些神话的力量在于它们能够将共同体与其历史和命运联系起来，并将共同体与它的上帝和自己的"命运"联系起来——这是一神论传统中特别显著的特点，在这种传统中，族群或民族被视为神圣"真理"的载体。①

神圣家园

我们看到了记忆和依恋的领土化过程是如何创造出族群景观的，随着时间的推移，人类和土地形成一种共生关系，被成员视为祖地或"家园"。可以通过领土的神圣化推进这个进程。在这里，家园不仅是"我们的"，而且是"神圣的"，是崇拜和敬畏的景观。正是这些内涵在共同体成员中产生广泛共鸣，对于族群—象征主义者来说，这些对于更深入地理解"民族家园"具有非常重要的意义。

家园的神圣化有多种方式。最常见的是通过圣徒、先知、圣人的出现和活动。例如，圣格雷戈里（St Gregory）前往亚美尼亚王国各省的传教工作赋予他们全新的神圣性，把他们团结在一起成为基

---

① 关于这些在欧洲传教的民族主义，参见 Armstrong（1982，ch. 3）。关于一般的传教神选神话，参见 A.D.Smith（2003a，ch. 5）和 Perkins（1999）。关于法国大革命后族群神选叙事的世俗化，参见 Perkins（2005）。对于 Roshwald（2006，ch. 4，especially 234，n. 79）而言，教会神选的神话根植于圣约。

督徒的联合体。圣帕特里克（St Patrick）在爱尔兰、圣大卫（St David）在威尔士的传教工作，以及波兰亚斯纳·戈拉（Yasna Gora）和墨西哥瓜德罗普的圣地，都发挥过类似的作用。当然，许多圣徒都是土生土长的，如诺森布里亚（Northumbria）的圣卡斯伯特（St Cuthbert），巴黎的圣吉纳维芙（St Genevieve），基辅（Kiev）的圣鲍里斯（St Boris）和圣格莱布（St Gleb），但其中的一些人成为王朝的守护神，并在几代人的时间里也成为异域领土及其居民世世代代的保护神。作为朝圣地，这些圣徒的圣地也因共同奉献而闻名，贸易和财富随着而来，但对这些场所的依恋越来越强烈。①

在一定程度上英雄的行为也可以产生神圣，他们的出现场所可能会成为崇拜的景观。尤其是，诸如埃尔·希德（El Cid）和圣女贞德这样品德高尚的男英雄、女英雄的功勋，可能会给这片土地带来福祉。战争、条约、集会、庆典和纪念场所，例如纪念他们的建筑物、神殿和纪念碑，也可以被赋予深刻意义和敬畏之情，日后它们可能会出现在具有纪念意义的艺术作品中。例如，正是赫布里底群岛的历史遗迹和自然景观，特别是斯塔法（Staffa）岛上的芬加尔洞穴（Fingal's Cave），这使门德尔松在他的《赫布里底群岛序曲》（*Hebrides Overture*, 1830）中描绘了精美的音乐风景画，正如波希米亚的土地和城堡激发了斯米塔纳（Smetana）的灵感，他以著名浪漫乐曲（*Ma Vlast*, 1872—1879）描述了祖国马夫拉斯。同样，卢塞恩湖（Lake Lucerne）的湖岸也激发了海因里希·菲斯利（Heinrich Füssli）的想象力，1291年他受苏黎世市政厅之托创作《吕特利的誓言》（*The Oath of the Rütli*, 1779—1781），该画描绘了划船横渡卢塞

---

① 关于圣格雷戈里在各地的传教，参见 Nersessian (2001, ch. 2)，关于帕特里克的传教，参见 Moody and Martin (1984, ch. 4)，关于亚斯纳·戈拉的历史，参见 Rozanow and Smulikowska (1979)。关于早期法国民族圣徒，参见 Beaune (1991)，关于中世纪俄国的这些，参见 Milner-Gulland (1999, ch. 3)。

恩湖的最初三个森林州的代表。①

但是，也许最有可能成为神圣源泉的地点是集体英雄的坟墓，尤其是"我们先祖"的坟墓。可以肯定的是，在保家卫国的战斗中许多牺牲的士兵的纪念碑和墓地具有一种额外的神圣气氛，并且正如我们所看到的，在公共仪式中予以纪念。但更直接、更私人的依恋和记忆则来自我们亲人最后安息的地方。这些记忆在大地上繁衍生辉，神圣化了每一个城镇和村庄的墓地。每一种记忆、象征和传统都有助于"我们的""土地"及其"土壤"的神圣性，赋予"我们"物质和最终的安息。②

黄金时代

在"英雄的土地"上，"我们的历史"已经延续数个世纪，有成功也有失败，有高潮也有低谷。这些记录在史诗和编年史、艺术和歌曲中，被后人铭记为英雄主义和荣耀时刻的共同体"黄金时代"，不仅是集体自豪感和信心的源泉，而且还激励着人们的行动和效仿。前面我提到许多新古典的"历史画家"的目的不仅是对一个历史事件的忠实呈现，而且是通过现身说法进行的道德教育——一种针对民族公民（或准公民）的个体教育。这无疑是雅克-路易·

---

① 关于门德尔松和斯米塔纳，参见 Whittall（1987，chs 3 and 9）。Antal（1956）分析了菲斯利的《吕特利的誓言》，另见 Tate Gallery（1975，57，cat. no. 16）。Hastings（2003）和 A.D.Smith（1999b）分析了神圣景观。

② 关于法国纪念馆，参见 Prost（1997）。关于第一次世界大战的伟大战神，参见 Winter（1995，ch.4）。关于美国战争纪念碑，参见 Gillis（1994，chs 7 and 9）。关于19世纪法国雕塑的政治用途，参见 Hargrove（1980）或者更普遍的参见 Michalski（1998，chs 1-3）。

大卫（Jacques-Louis David）在他的古典绘画系列作品中的主要意图，从《贝利撒留》（*Belisarius*，1781）到《荷拉斯兄弟的誓言》（*Oath of the Horatii*，1784）、《苏格拉底之死》（*Death of Socrates*，1787）和《布鲁特斯》（*Brutus*，1789），再到《萨宾妇女》（*Sabines*，1799）和《列奥尼达斯在塞莫皮莱》（*Leonidas at Thermopylae*，1814）。大卫沿袭了英国画家包括加文·汉密尔顿（Gavin Hamilton）、罗伯特·派因（Robert Pine）、纳撒尼尔·丹斯（Nathaniel Dance）、约翰·莫蒂默（John Mortimer）和亚历山大·朗西曼（Alexander Runciman）在18世纪60年代开创的传统，并在18世纪70年代被法国的尼古拉斯·布伦内特（Nicolas Brenet）、让·弗朗索瓦·佩伦（Jean-Francois Peyron）、路易·杜拉莫（Louis Durameau），以及美国的本杰明·韦斯特、约翰·辛格顿·科普利（John Singleton Copley）和约翰·特朗布尔（John Trumbull）所采用。他们的"道德"既来自古代，也来自中世纪和现代的民族历史，这一趋势在英法商业竞争和军事冲突加剧之时，受到国家的鼓励，因为国家领导人试图灌输民族自豪感。①

但这些"黄金时代"的记忆还有另一种更深层次的作用。到了18世纪后期，继个人真诚和"诚实灵魂"的悠久传统之后，对真实性的崇拜开始盛行。不仅个人，而且文化群体也受到真实性的严峻考验：通过在英雄和天才的黄金时代寻求共同体的品格和美德，将揭示出这个民族在其原始状态下的"真正"本质。随着浪漫主义和

---

① 在法国尤其如此，从1774年起，路易十六的大臣安吉尔维勒就着手将艺术与法国民族历史的伟大主题联系起来，使其恢复到从前伟大世纪的地位，参见Detroit（1974）和Leith（1965）。乔治三世在英国也扮演了类似的角色，鼓励本杰明·韦斯特处理英国中世纪和现代史的主题，参见Abrams（1986），Erffa and Staley（1986）。关于大卫的新古典绘画系列，参见Brookner（1980）和Crow（1985）。关于英国的历史画，参见Irwin（1966），Kenwood（1974）和Pressly（1979）。

自然崇拜的各种运动，将欧洲受过教育的阶层"送回"他们民族的"原始起源"，并在那里发现他们的终极"本质"和他们独特的属性，这一趋势变得更加明显。在一个族群历史的全貌中，黄金时代被描绘成一系列色彩斑斓的画面，既说教又生动，它代表了那个时期或那个时刻最原始的辉煌，当一个民族的创造力最旺盛时，他们的美德是最明显的。这正是艾里阿斯·隆洛特（Elias Lonnrot）和他的团队收集和编辑古代卡雷利亚（Karelian）民谣的目的和精神，并于1835年撰写和出版了第一版《卡莱瓦拉》，从而向现代芬兰人揭示了他们曾经是谁，以及他们"真正"是谁。从这个意义上说，黄金时代反映了这个民族的"真实"特征，并鼓励人们仿效其原始精神。①

当然，这样的时代可能不止一个，因此，民族美德和民族命运也可能不止一种。对希腊人来说，古代雅典的艺术创造力和哲学，希腊式亚历山大的学问和智慧，以及拜占庭的法典、神学和建筑，都有辉煌的繁荣时期。在犹太人的例子中，摩西时代见证了对神圣的追求，大卫王国见证了对权力和荣耀的追求，《塔木德经》（Talmudic）时代见证了对律法的追求，西班牙的黄金时代见证了对诗歌的追求……尽管如此，对子孙后代来说，黄金时代持续不断的神话记忆揭示了民族"与生俱来"的品质，以及后来许多积淀和腐败之下的"真正本质"。但在这些不同的传统、神话和记忆中，我们可以看到共同体的几代人以及敌对的政治派别持有的不同的，甚至是对立的设想和理想，导致意识形态冲突只能通过重新解释或重组民族历史和"本质"来解决，或者，如果再无法解决，只能通过社会和

---

① Trilling（1972）探讨了真诚和真实性的文学意义，而 Newman（1987）探讨了18世纪的英国的文学意义。关于"黄金时代"的追求与意义，参见 A.D. Smith（2004a, ch. 8）。关于《卡莱瓦拉》，参见 Branch（1985），关于其对对芬兰人的影响，参见 Honko（1985）。

意识形态革命来解决。①

通过牺牲获得的民族命运感

也许民族最强大的文化资源是民族命运的理想,这种理想要求为共同体不懈地奋斗和牺牲。当然,斗争是政治浪漫主义的一个关键要素。有些人甚至认为,民族青年常规的流血牺牲对民族的创建和维护至关重要。不久的将来,我们就能轻易看到,公共牺牲的理想如何激励几代人仿效他们先祖的愿望,并修复或加强政治团结的纽带。这种观点将重点从牺牲行为本身转移到牺牲对民族未来方向的神话和象征后果,转移到民族共同体的"认同"和目标的连续表述上。②

换言之,对我们理解民族的文化资源来说,重要的不是牺牲本身,而是以牺牲为基础的强烈的民族命运感。这种民族命运的理想一再帮助动员公民保卫祖国,激发战斗的英雄神话和爱国战士的崇高牺牲,并通过艺术和不朽的雕塑来纪念他们的行动,以寻求永久的表达,这使民族成员团结起来,并召唤他们履行其同胞为之献出生命的使命。耶路撒冷沦陷、阿瓦莱尔战役、科索沃波尔耶战役、奥尔良战役、莫哈克斯战役、索姆河战役、达达尼尔海峡战役、敦

---

① 关于散居海外的犹太人及其神话,参见 Armstrong(1982, ch. 7)。Kitromilides(1979)分析了对立的希腊民族主义解读。关于文化竞争,参见 Hutchinson(2005, ch. 3),并且参见本卷第二章。

② 关于民族是一个杀人机器,为了生存,它需要在战争中牺牲自己的青年的观点,参见 Marvin and Ingle(1999)。Mosse(1990)分析了一个较温和的版本,《战争经历的神话》(*Myth of the War Experience*),尤其与早期德国民族主义运动相关。

刻尔克战役、斯大林格勒战役：失败也许比胜利更能成为诗歌、歌曲和不朽艺术中流行传奇的一部分。虽然在公元前430年伯里克利的葬礼演说中，牺牲、团结和坟墓的深刻主题已经很明显，但直到18世纪晚期，随着公民军队的出现，它们才开始广泛传播，并开始为民族最激烈、最具戏剧性的公共仪式和庆典提供历史内容。到了20世纪初，英雄个人英勇行为的庆祝活动已经让位于庄严的纪念碑和巨大的墓地的庆祝活动，按照官方礼仪，以每年一次隆重的全民族性纪念活动来纪念因大规模屠杀而死去的公民，这样"我们才能活下去"，我们的民族才能完成它的使命。我们认为在西方最近刻有军官和士兵名字的战争纪念碑，最能集中体现民族成员和公民个人的意义所在，以及人们对民族的独特命运和注定道路的默认。精英们都为死于战争的公民留出一块专用的土地，这表明他们渴望与所有的公民缔结契约（即后来的盟约），同时民族的形象高于当前的对抗和冲突之上，而且精英们以自我反省的方式来庆祝民族命运。①

重点要记住，在谈到民族的"文化资源"和"神圣基础"时，我们所处理的是理想化的典型术语。通常，一个民族的精英阶层，以及其他公民群体，可以利用这些文化资源中的一种或多种来支持和维护道德结构、民族共同体凝聚力和宗旨上的缺陷。正如我前面提到的，民族成员对某种公认的标准或"黄金时代"产生的衰落感，往往让他们动力十足地想恢复族群神选的旧信念，想回到他们祖国的亲密环境中去，回想过去伟大时代的榜样，回想杰出先辈的英雄事迹，渴望建立或加强光荣的死者的公共仪式和庆典。但是，这些

---

① 这是Mosse（1975, ch.3, and 1990）所探讨的大众公民宗教主题的性质和历史。关于美国内战后民族大规模冲突的纪念仪式，参见Grant（2005）。民族主义的大众公民宗教在第一次世界大战中达到高潮，Winter（1995, ch.4）深刻地描述了大众墓地和纪念碑，更一般的，关于通过牺牲实现民族命运的理想，参见A.D.Smith（2003a, ch.9）。

资源是否在实践中使用,在多大程度上使用,以及在多大程度上影响公民的心灵,这不仅会因民族共同体而异,也会因时期而异,并将受到各种短期或长期因素的影响。

变革和存续

事实上,对公共纪念仪式和民族战争纪念馆更深层次意义的反思,不可避免地提出了一个问题,尤其是在所谓的后现代世界,民族的跨历史性问题。民族的理想有可能继续赢得全球男女的忠诚,还是我们注定要在一个目前看来被大肆宣传的"后现代"时代见证民族的退化和替代?

没有简单的方法来评估这些替代方案。从理论上讲,作为第一个近似假设,我所描述的文化资源在一个特定的民族共同体中存在的越多,其范围和强度越大,民族认同感就越强、越生动、越广泛。相反,在一个特定共同体中,这些文化资源的数量越少,范围越有限,强度也就越弱,他们的民族认同感和归属感就可能越浅、越缺乏活力和包容性。

当然,这只是等式的一部分。文化资源并不是民族共同体的唯一指标。物质和体制因素,更不用说政治机构,可以在加强或削弱民族结构和维护民族认同感方面发挥重要作用。在消极方面,不同的和对立的文化政治团体的显著性很容易通过分裂公民的忠诚和依恋而破坏民族认同感的凝聚力和活力。然而,只有当我们集中注意民族的文化资源时,我们才能衡量一个民族共同体的公民的民族认同感的强度和表达程度(或是否缺乏这种表达)。在此,我将主要集中于西方和欧洲民族,这些民族经常被认为正在经历文化分裂和(或)被纳入更大的区域联盟和协会,不像许多亚洲、非洲和拉丁美

100

洲民族那样，民族认同仍在形成。

之前，我讨论了起源神话的持续相关性。的确，据我们所知，西方的大多数人不再相信，即使他们曾经相信过，陪伴他们的遥远的凯尔特人、法兰克人、盎格鲁-撒克逊人和条顿人的神秘传说。相比之下，对许多人来说，保留其影响力的是"我们"和"他们"的感觉，民族自我与外界区别的感觉，这区别在共同的起源和血统上是合理的。这里值得回顾的是沃克·康纳对事实历史和感性历史的区分。他提醒我们，在民族和民族主义领域，重要的不是民族是什么，而是感觉是什么。最近移民的数量和种类大量增加使得这种民族历史和相对于其他民族而言的民族自我的感觉大大加强。在这里，问题不仅仅是经济移民和寻求庇护者的绝对数量，而是他们带来的各种文化以及他们与东道国社会文化之间的差异。当然，移民和文化差异并不是什么新鲜事，罗马人和犹太人在整个欧洲中世纪和现代时期的经历充分证明了族群认同差异和外来人口的污名化带来的消极后果。但是，尤其在自由民主国家，这些当代差异和反应的程度和多样性是新颖的。我们在法国看到了对北非人的敌意，在德国看到了对土耳其人和越南人的敌意，在意大利看到了对阿尔巴尼亚人的敌意，在捷克共和国看到了对罗姆人的敌意，在英国看到了对巴基斯坦人和其他"亚洲人"的敌意，在荷兰和丹麦看到了对穆斯林的敌意，更不用说在几个州反犹主义的复兴了。①

这些情绪和由此产生的暴力引发了一些关于民族认同要素的激

---

① 关于"感觉历史"，参见 Connor（1994，ch. 8）；关于来自黑暗时代野蛮部落血统神话早期信仰的不良影响，参见 Geary（2001，ch. 1），虽然我认为他夸大了大多数人对这些起源神话的了解程度，更不用说接受程度了；关于1989 年以后欧洲内部的移徙模式，参见 Carter，French and Salt（1993）；关于后来对穆斯林移徙反应的分析，参见 Alba（2005）。Triandafyllidou（2001）分析了对南欧移民的反应。

第五章　民族的存续与变革

烈辩论，以及对所接受的传统的重新审视，尤其是在英国。几十年来，人们的注意力都集中在自由民主国家不断变化的文化构成上。对许多知识分子和政治家而言，"多元文化主义"、教育、具有文化差异的宗教和社会生活的庆典活动，成为在多种族、多民族国家创造包容和相互理解的时髦方式。然而，最近以来，官方重申所有公民进行社会和政治融合的需要，不论文化和宗教差异如何，并普遍呼吁为了历史上的"民族国家"及其传统文化加强政治团结和爱国主义。其结果很可能不是人们经常预测的民族的"混合"，而是将传统观念和民族认同叙事的零星变革与现存民族国家的历史和文化（特别是其法律、语言和象征）框架紧密联系在一起，但仍然尊重宗教信仰，包括移民共同体的文化。①

　　同样的考虑也适用于族群记忆、神话、象征和传统的遗产。我之前谈到，族群神选神话的世俗化改变了他们的方向，并未改变他们的影响力，而且可以从政治、教育、媒体和体育等民族性活动中不同程度地检测到神话的存在。我要补充的是，这些神话的影响力在欧洲和西方民族之间差异很大，在意大利和比利时相对较弱，它们的影响力和重要性在美国、法国、希腊、以色列和俄罗斯尤其显著，更不用说日本了。但是，民族记忆的影响力呢？在一个不断有人抱怨缺乏历史知识的时代，尤其是当学校的课程设置和许多传统族群历史不相关，以及当一个单一的"民族史"被分解成多元民族内部不同社区的"多重"历史时，我们还能谈论关于家园过去的共同记忆吗？这里似乎存在着巨大的代沟。从克洛维（或革命）到戴高乐（de Gaulle），从阿尔弗雷德（Alfred）到丘吉尔（Churchill），

---

　　① "混合"理论是 Bhabha（1990, ch. 16）提出的，Kumar（2003, ch. 8）调查了英国最近的情况，尤其见第256—262页，他对共同体关系和《帕雷克报告》(*Runnymede Trust*, 2000) 的分析；关于英格兰持续的民族认同的另一种解释，参见 A.D.Smith（2006）。

从华盛顿（Washington）到肯尼迪（Kennedy），许多年长的公民常常对神圣的民族历史念念不忘。但是，对许多年轻一代来说，这个民族的军事和（或）帝国历史是令人厌恶的，而且，撇开民主不谈，民族的政治和文化历史往往是未知的或负担沉重的领域，这表明年轻人的民族认同感正在减弱，或正在重新定位。①

在公共象征方面，变革可能不那么明显。除在庄严或节日的场合外，圣歌演奏频率较低，受尊重程度较低。但是，正如迈克尔·比利格提醒我们的那样，国旗仍然飘扬着但不挥舞，它们总是无处不在，而且在庄严的场合，在公共仪式和庆典上的展示对民族的肯定至关重要。无论出于何种原因，践踏或焚烧自己国家的国旗依然被大多数成员视为对民族团结的严重破坏，甚至是一种亵渎，用国旗来庆祝胜利或拯救同样受到称赞，甚至是必需的。为国旗而战，为国旗而死，作为民族的象征，在大多数国家即使在年轻人中仍然是公共牺牲的最高形式，而且仍然受到最大的尊重。②

我们可以说民族公共文化的仪式和庆典也是这样吗？这里的差异更大，无论是表现的强度还是公民的包容性。大多数民族国家都设立了法定节日，以纪念独立、宪法或一些具有历史意义的战争或条约。有时，这主要是一个平静的官方事务，但在许多情况下，例如，法国的巴士底日、英国的阵亡将士纪念日、澳大利亚的澳新军团日、以色列和挪威的独立日，这些民族救亡剧的民众参与度很高，

---

① 法国史学模式的变化，由欧内斯特·拉维斯在19世纪晚期提出，参见 Citron（1989）。Gardiner（1990）探讨了英国的历史之争。关于在19世纪后期形成的"传统的"英国风格，参见 Dodd（2002）。Huntington（2004）和 Cauthen（2004）探讨了美国人共有的神话和记忆。另见 A. D. Smith（2007b）对最近民族转型更广泛的讨论。

② 关于"未挥旗"，参见 Billig（1995）。Marvin and Ingle（1999）充分探讨了国旗的象征意义，尤其是在美国；而 Elgenius（2005）分析了欧洲国旗史。

第五章 民族的存续与变革

增强了民族意识，唤起了强大的民族命运形象。在这方面，我们似乎有一个特别敏感的指标来衡量民族情绪的程度和种类，以及它所重申的民族的活力或其他方面的神圣交流。如果是这样的话，这表明，尽管发生了巨大的变化，许多民族共同体仍然对其成员的心灵和想象力保持着吸引力。①

或许，在领土化的情况下，这是另一回事。在过去，诗人、音乐家和艺术家常常描绘这些神圣的地方和"诗意的风景"，把这个民族的抽象形象变得具体、有形和容易理解，但年轻的成员对这些地方的热爱和崇敬似乎有所减弱。这在一定程度上是现代西方人口大规模流动和快速城市化的结果，随之而来的是农业部门以及传统农民的萎缩，他们是民族主义传说中理想化民族的支柱。尽管如此，*103* 商业开发商和各种遗产保护协会以及环保人士之间持续不断的斗争表明，"我们的"历史景观及其独特的美景仍然是许多民族成员关注的问题，更不用说旅游业带来的诸多好处。此外，城市居民"回归自然"的浪漫运动，周期性地重申亲切的地域景观对民族理想及其偏爱的生活方式的重要作用。虽然世俗化可能削弱了赋予家园及其先祖遗址的神圣性，但后者仍保留着其民族意义，并继续在许多人心中重新燃起对民族历史景观的依恋。②

---

① 关于英国、法国和挪威的民族节日的详细情况，参见 Elgenius（2005）。Kapferer（1988）描述了澳大利亚澳新军团日庆祝活动。关于英国阵亡将士纪念日仪式，参见 A.D.Smith（2003a, ch.9）。

② 关于遗产和民族认同的论文，参见 Boswell and Evans（2002, Part II）。关于景观与民族认同，参见 Hooson（1994）中的论文，Kaufmann and Zimmer（1998）。

总　结

的确，在一些制度领域，欧洲民族国家的独立性已受到侵蚀，最明显的是在经济领域，法律、军事和教育制度也受到不同程度的侵蚀，这就越来越需要更多统一的跨国机构来解决全球问题。当然，欧盟内部欧洲民族国家之间的"协调"进程是不平衡的、有争议的，在许多人看来也是"不完整的"。但是，这些维度更多地属于民族国家的"国家"组成部分，而族群—象征主义者关注的是"民族"及其象征资源。诚然，在某些情况下，国家和民族之间的紧密联系意味着制度上的协调以及由此导致的主权削弱可能会在不同程度上影响民族文化资源的使用和教育传播，尤其是在英国这样的情况下，政治象征主义一直是这些资源的核心组成部分。另一方面，对于民族成员而言，国家间的协调对这些资源的内容、生产和共鸣的影响要小得多。因此，在提出关于民族侵蚀或存续的问题时，我们应该适当考虑到这些对国家的跨民族影响，需要在分析上保持民族层面的独立。①

或许，我们可以从冷战的结果以及欧洲理念日益扩大的影响力两个方面合理地谈论某种程度上民族的侵蚀，或在意识形态和宗教方面更好的变革。尽管有一些明显的例外，但欧洲和西方许多占主导地位的族群的民族主义意识形态和运动已经有所减弱。然而，对于欧洲东南部的民族，或者没有国家的民族，例如苏格兰人、巴斯

---

① 关于欧洲一体化的影响，参见 Delanty（1995）。关于大众怀疑论，参见 Deflem and Pampel（1996）。更多关于欧洲的历史研究方法可以在 Pagden（2002）的一些文章中找到。

克人和加泰罗尼亚人，就不可同日而语了，更不用说库尔德人、巴勒斯坦人、锡克教徒、泰米尔人、克伦人和欧洲以外的其他民族。正如我们所看到的，大规模移民可以重新点燃历史上民族国家的强烈民族情感。民族理想的神圣性被侵蚀的证据是相当模糊的。消费主义、物质主义和理性主义的"世俗"领域的扩大，以及个人主义的崇拜，无疑破坏了各种集体忠诚。这种对神圣的部分侵蚀意味着更多的人，尤其是年轻一代，往往对起源神话、"黄金时代"的族群历史记忆，甚至一些民族庆典持怀疑态度。与此同时，也有一些声音在寻求恢复神圣的历史纽带，这些纽带继续支撑着欧洲和北美的民族国家，并且制止了主导族群的民族认同感进一步受到侵蚀。①

此外，尽管资本、人员、货物和服务可以很容易地在民族之间流动，但许多人仍然强烈地依恋家园诗意的风景，甚至仍然强烈要求保护他们的边界。世俗化的神选神话也是如此。如果说有什么不同的话，那就是来自不同文化背景的移民浪潮不断强化了这一点。在他们的影响下，可以肯定的是，传统的民族认同观正在被重新定义，就像过去一样，族群组合也在发生改变。但是，我们也看到对民族历史独特性的强烈重申，这与许多成员对民族命运的愿景不谋而合。值得注意的是，在那些为民族而战的阵亡者面前，在纪念他们牺牲的仪式和庆典中，人们充满了敬意和神圣。在这些自我反省和自我庆祝的仪式中，民族理想依旧生机勃勃，生生不息。

---

① 关于主导族群，参见 Kaufmann（2004b）中的文章。但是关于美国的民族主义，参见 Cauthen（2004）。关于没有国家的民族成员的感情，参见 Guibernau（1999）。

第六章　赞成和反对

105　与研究民族和民族主义的其他观点一样，族群—象征法在一些方面获得了认可，但在另一些方面却遭到了批评。因此，通过分析族群—象征主义的一些主要反对意见来重新考虑其共同主题可能是行之有效的。针对几个关键问题，我将集中讨论理论性的批评，包括过于积极的民族主义形象；把国家和民族混为一谈的倾向；过分强调族群而未能将民族与族群共同体区分开来；对民族和民族主义相对静态的理解；着重强调连续性、关注民族存续；使用存在争议的认同概念；族群—象征主义者的理论基础进化论、整体论和唯心主义。

民族主义的伦理

当前，有许多人认为，民族主义，如果不是指民族，基本上是负面形象。一些国际知识分子甚至认为民族主义实际上等同于法西斯主义和纳粹主义，至少在他们看来，即便与种族主义无关，它也起到了煽动的作用。也有许多人认为，世界上许多弊病，从民族同质化、族群冲突到种族灭绝都来自民族主义。因此，在这些批评者看来，任何认真对待民族主义基本主张的方法，如果不是认可民族主义的话，也必须被视为给予民族主义和民族主义运动一定程度的尊重。①

事实上，评论家乌穆特·奥兹基瑞穆里（Umut Özkirimli）认为，族群—象征主义者既天真又不负责任——"沉默寡言的民族主义者"无法表达他们的感受。他们采取政治中立和科学客观的立场，对过去抱着一种浪漫的怀旧态度，他们的分析，无论初衷多么好，都可以用来进行合法的歧视和压迫。只要族群—象征主义者认为西方国家提倡一种更加公民化和领土化的民族主义，他们就会表现出一种政治天真，拒绝承认这些国家持续存在的强烈的族群和排外因素。至于西方以外的"狂热"民族主义，族群—象征主义者淡化了其不公正和危险影响，因为他们认为，民族主义者通常寻求民族成员的统一，而不是直接追求文化和社会同质化。对安德烈亚斯·威默（Andreas Wimmer）来说也是如此，族群—象征主义者把自己的论点建立在"浪漫本体论"的基础上，无法理解政治和利益冲突的核心重要性，而政治和利益冲突在内部引发了关于民族包容和排斥的辩论。这反过来又导致其未能看到民族主义的蔓延，它要求每个民族都有一个国家，这是现代冲突和战争的最重要根源之一。②

这些批评又取决于和埃里·凯杜里著作有关的对民族主义的敌意描述。对凯杜里来说，民族主义是一种颠覆性的意识形态，是对完美的狂热追求，它使多数人服从于代表"民族"的少数人的意志。对于族群—象征主义者来说，这是一种片面和简单的描述。它不仅

---

① 例如，对于 Nolte（1969），法西斯主义是建立在民族及其民族主义之上的。关于区分民族主义和法西斯主义的尝试，参见 Zimmer（2003, ch.4）和 A. D. Smith（1979a, ch.3）。

② 关于对"族群—象征主义"的详细批判，参见 Özkirimli（2000, ch.5 and, in more polemical vein, 2003）。另见 Wimmer（2008）和 Breuilly（1996）。

忽视了民族主义的文化益处，还忽略了民族主义意识形态能够刺激社会现代化和变革，便使其合法化。它也未能理解族群民族主义和反殖民民族主义的普遍诉求，以及民族可能体现的民主意愿。为了理解这种诉求，我们需要各种符号、记忆、传统、神话和价值在不同的人群产生共鸣，以揭示民族主义的过去和现在的根源。这不是对过去的浪漫怀旧，更不是一种沉默或隐蔽的民族主义。族群—象征主义者并不渴望或建议回到过去，即使这是可能的。相反，这是一个提供研究策略和计划的问题，以理解民族主义普遍的大众诉求，并尽可能撇开价值偏好以支持严谨的分析。①

相关的批评认为，族群—象征主义者未能认识到民族主义者无法容忍文化的多样性。但是，考虑到赫尔德和他的支持者在民族主义起源中的重要性（据称是对族群—象征主义者的重要性），可以说这种指责是令人费解的。这绝不是民族主义者的借口。毕竟，没有人会怀疑民族主义者以"博爱"和"情爱"为惯用伎俩所带来的残酷和破坏性影响，也没有人会怀疑民族主义者及其他意识形态学家所变现出来的对大众需求和情绪的操纵能力。族群—象征主义者非常清楚各种群体能够以民族及其"需求"的名义歧视、消除并最终消灭少数族群共同体。即便如此，至关重要的是要把民族主义的过激行为与法西斯主义者或帝国主义者等的过激行为区别对待，而不是将民族主义与种族主义或一种包罗万象的"部落主义"混为一谈。同样重要的是，要认识到许多非民族主义根源的国内冲突——无论是政治、宗教、地区还是派系冲突。在这里，我们可以看到现代主义者自身关于民族主义和战争关系的解释相互矛盾：对于安德烈亚

---

① 参见 Kedourie（1960 and 1971, Introduction）和我在 A.D.Smith（1979a, ch.2）中的批判。关于我对 Özkirimli（2003）同一期文章的回复，参见 A.D. Smith（2003b）。Leoussi and Grosby（2007）探索了族群—象征法在世界不同地区的最新发展。

斯·威默来说，在定量分析的基础上，民族国家（与民族主义不同）是造成20世纪大多数战争的原因；而对大卫·莱丁（David Laitin）来说，利用"最完整的"的少数族群风险数据集得出结论，多数战争和叛乱的罪魁祸首是弱势国家，而不是族群差异或民族主义。虽然设计的目的是为了消除选择用于不同方法的案例时的偏见，但很明显，无论是现代主义者还是族群—象征主义者，定量模型和调查并非没有其自身的方法论问题。这表明，依然有必要对不同类型的民族主义和民族形成进行比较历史研究。同样，出于分析的目的，我们需要辨别出那些主要分布在西方国家并且已经固化的民族主义，用迈克尔·比利格的话说，是"根深蒂固的"民族主义，尽管族群排斥和歧视的事例屡见不鲜，但国家精英依然寻求一种更具包容性的"公民"型民族；同时，还要辨别出比利格称为"狂热"的民族主义，通常是"族群类型"，在那里我们会遭遇彻底的压迫和致命的冲突。①

简而言之，族群—象征主义者和盖尔纳等现代主义者对民族主义造成的后果保持客观的态度，虽然拒绝接受民族主义主张，但也准备以一定程度的严肃态度对待民族主义者的意识形态。在这一点上，不同于迈克尔·弗里登（Michael Freeden）等人，他们认为民族主义是一种"以薄弱为中心"的意识形态，其核心受到限制，政治概念范围狭窄，无法处理重大的社会和政治问题，导致他们认为民族主义是一种边缘意识形态，从而填充了更加主流的政治意识形态。这是一种粗浅的分析，忽略了使民族主义丰富多

---

① 关于民族主义是一种"部落主义"的观点，参见Popper（1961）。关于习惯性或"根深蒂固的"民族主义的概念，参见Billig（1995）。Yack（1999）质疑"公民"民族主义的有效性，从而破坏了族群和公民民族主义之间的区别，关于此，也可参见A.D.Smith（1995, ch.4）。Wimmer（2008）对民族主义的后果进行了负面评价，而Laitin（2007, ch.1）提出了一个较为积极的评价。

样的一系列概念,这些概念我在第四章中讨论过,诸如民族自治、认同和统一性、真实性崇拜、家园观念、集体尊严、连续性和命运等概念。①

国家和民族

此外,正如我在第四章中所指出的,民族主义不仅仅是一种政治意识形态。对许多人来说,它代表了一种特殊文化和世俗宗教类型,这也体现在约翰·哈钦森所探索的文化民族主义者的思想和活动中。民族主义者的目标既是文化上的也是政治上的,他们专注于语言和习俗、族群景观、族群历史和族群或公民起源的神话。那么,这是否意味着民族主义一直以来都是而且仅仅是"族群—民族主义",是对族群界定的民族的忠诚,而不是用"爱国主义"来唤起对领土国家的忠诚?②

这就是沃克·康纳批判族群—象征主义的地方——将民族主义和爱国主义、国家和民族合并或者混为一谈,我在第四章中提到过。康纳说得对,民族主义是一种关于民族的学说,而不是关于国家的学说,族群—象征主义者和他持一样的观点——族群关系是民族的基础。但是,从逻辑上讲,坚持假定祖先关系是民族的唯一定义标准,似乎限制性太强,就把那些以共同的记忆、历史领土和共同的公共文化为基础来界定共同体的民族排除在外,正如瑞士或美国的

---

① 参见 Freeden (1998)。Gellner (1964, ch.7) 对民族主义提出了更为积极的看法,认为民族主义为寻求快速现代化的发展中社会提供了必要的推动力。

② 参见 Hutchinson (1987 and 1994, ch.1)。

做法。此外，顾名思义，"祖国"一词表明，血缘和领土是紧密交织在一起的；而在另一方面，民族的概念，虽然存在亲属词源，但需要区别于族群共同体（或族群）的概念，以反映其更大的复杂性。正如最初讲德语的"阿勒曼尼亚人"和后来瑞士联邦中讲法语和意大利语的族群共同体，或者是美国最初讲英语的移民和随后的移民群体浪潮一样，民族通常是由一个占统治地位的族群和一个或多个少数族群组成的。比如，瑞士有一个公认的、虚构的"阿勒曼尼亚"族的起源神话（所有这些神话都是虚构的），还有一个更好的经证实了的"公民"基础神话（1291年的《吕特利的誓言》，在当时的联邦简报中得到了证实）。康纳严格的二分法似乎不允许这种情况的发生。就像在社会科学的其他领域，概念精确性的获得代价太高。[①]

如果我们接受康纳的二分法，这将排除我们对定义民族的过程中提到国家的可能性。这似乎也是蒙特塞拉特·吉博纳（Montserrat Guibernau）批判的主旨，尤其是针对我早先对民族概念的定义，其中包括"共同权利和义务"。她公正地认为，这一定义无法在民族和国家概念之间建立明确的区别，因此无法包括"没有国家的民族"。她似乎赞同康纳对民族的定义，即民族是认为自己与祖先有血缘关系的一群人，尽管在其他方面，她提供了一个更宽泛的定义，包括"客观"维度，如领土和共同文化。但是，当她继续讨论我之前对民族认同概念的定义时，她试图把"国家"和"民族"这两个概念结合起来，尽管只是与现代"民族国家"有关，但她认为，现代"民族国家"往往奉行文化同质化的政策。[②]

有以下几点。第一，我修改了民族认同的定义，使之更具有

---

① 参见Connor（1994，ch.4）以及康纳和我的交流——Connor（2004）和A.D.Smith（2004b）。康纳在Connor（2005）又回到这些问题上。

② 对我定义的批判，参见Guibernau（2004）。对民族概念的更广泛的定义，参见Guibernau（2001 and 2007，23-25）。

"族群—象征主义"特征,将民族认同定义为普遍的概念,即对构成民族独特遗产的价值、象征、记忆、神话和传统模式的不断复制和重新解释,以及对这种遗产及其文化因素的个人的认同——这个定义并非指现代民族国家。第二,如前所述,我发现吉博纳似乎在心理上定义了某种限制,尽管她提到民族认同感可能基于一个或多个因素(文化、领土、历史等)。第三,我仍然不相信,民族概念的定义必须排除所有以公共文化形式(公共象征、仪式、符号和价值)提及的"政治"——这与现代国家的特定内容截然相反。人们仍然可以说,尽管遭受压迫并丧失独立国家,但民族仍然继续存在,因为他们的成员仍然有着共同的风俗习惯,并且分享一种独特的公开的文化——就像卢梭在1772年建议波兰人坚持自己的民族那样,还有加泰罗尼亚人、犹太人和亚美尼亚人等没有国家的民族,存续了多个世纪。①

在第三章中,我提出了一个更基本的观点。我们需要将理想又典型的民族看作一种特定的历史共同体形式,这与世界上现有的情形类似。从这个角度看,最好将民族看作某种社会和象征性发展的产物,发展的程度和强度各有不同,而不是存在或不存在的"本质"。这意味着,通过追踪这些可变过程的发展,我们可以证明某个具体实例可能离理想的民族类型有多近,或者有多远。事实上,民族发展进程的某种强度或程度会有所减弱,就像分裂后的波兰公共文化和佛朗哥(Franco)镇压下的加泰罗尼亚公共文化一样,但这并不意味着这个民族就会消失,只是它(也许是暂时的)与理想类型的民族差距更大。在我看来,这有助于克服我先前对民族概念比

---

① 关于卢梭对波兰人的建议,参见 Watkins(1953),关于她对民族认同概念的最新定义,参见 Guibernau(2007)。关于我的定义,参见 A.D.Smith(2001, ch.1);关于"民族"概念的修订定义,参见 A.D.Smith(2002)。

较静态定义的特点,并允许重大的历史变化,就像一个民族,如亚美尼亚人或犹太人失去了祖国,但其成员分散在许多土地上的半自治飞地,保留他们对祖国的依恋,保留他们以前的自我定义、神话、象征和记忆、法律和习俗,以及他们独特的部分公共文化,例如他们的仪式、符号和节日。①

重新审视族群与民族

从许多方面来说,族群—象征主义争论的核心是族群与民族主义的关系,尤其是族群与民族的关系。本文提出两个主要的反对意见:其一,是族群—象征主义者坚持族群的中心作用;其二,认为他们未能将族群与民族、族群情感与民族主义区分开来。

的确,对族群—象征主义者来说,族群纽带在民族形成中发挥着重要作用,而且在某些情况下,尤其在那些具有历史重要性的情况下,民族是在先前的族群共同体或族群的基础上形成的。但并非所有情况都是如此。民族与之前的族群之间没有一一对应的关系。此外,即使我们赞成沃克·康纳的观点,即民族的定义应该纯粹以族群为标准(例如,与祖先的亲缘关系),但其形成仍然可以由非族群因素来解释,或者至少可以解释一些民族的形成。在这方面,族群—象征主义者远非教条主义者。事实上,他们一直在孜孜不倦地探寻其他因素的影响,尤其是政治因素的影响,只要看看约翰·阿

---

① N. Davies(1982, Part II)描述了尽管失去了独立和领土统一,波兰的民族认同感仍在增强。Guibernau(1999, 116-19)分析了佛朗哥统治下对加泰罗尼亚文化的镇压。关于亚美尼亚人和犹太人的散居状况,参见 Armstrong(1982, ch.7)和 A.D.Smith(1999a, ch.8)。

姆斯特朗的巨著以及约翰·哈钦森的新书《冲突地带》（*Zones of Conflict*）就能了如指掌。例如，有人（佩斯·康纳）会说美国最初是建立在一个占统治地位的族群（盎格鲁-撒克逊白人新教徒移民）的基础上的，但它后来的发展主要是靠美国精英们一系列的政治和经济决策，当然也离不开非新教徒和非盎格鲁-撒克逊移民群体作出的各种文化贡献。因此，美国民族的基础从盎格鲁-美国人共同的族群意识和血统转移到更广泛的共同价值、记忆、神话和象征中，在《独立宣言》《宪法》《开国元勋》和"战争死难者"中均有记载。我们可以进一步思考，现在的厄立特里亚和坦桑尼亚——这些国家居住着一系列的族群，如果这些群体经过几代人融合，成为一个自我定义的、领土化的单一共同体，拥有共同的象征意义、独特的公共文化和共同的法律和习俗，那么至少有一些民族能够而且将会以非族群的方式形成。这表明，对诸如民族等现象的定义，我们需要对其进行解释。另一方面，可能仍然有人认为，即使这些族群混杂的国家形成了公认的"民族"，其成员仍然必须培育共同的族群文化遗产，以及历史和政治上的"血缘"感——毕竟，像英国或法国这样的现代国家，即使不经过几百年，也要经过几代人的努力才能发展起来，因为在过去的时代，其成员来自不同的族群。因此，尽管发展顺序可能会改变，但从广义上说，这似乎证实了族群因素在民族概念定义中的至关重要性。①

这种对族群解释意义的坚持，是否证明了安德烈亚斯·威默的论点，即族群—象征主义者是赫尔德模式下的"浪漫本体论家"？结论正相反。正如约翰·哈钦森认为的那样：

---

① 关于族群—象征法的政治方面，参见 Armstrong（1982，chs 4 and 5），Hutchinson（2005）和 Roshwald（2006）。关于厄立特里亚，参见 Cliffe（1989），关于美国的民族主义，参见 Kaufmann（2004a），Grant（2005）和 Calhoun（2007）。

>……民族主义者通常是反对族群传统的外来者，民族运动往往是很软弱且分裂的，民族主义者通常只有当国家在战争中崩溃时才会获得权力，而民族形成最安全的方式就是建立自己的国家。

此外，族群认同往往被摧毁，但若融入多种机构，尤其是融入宗教机构时，才有可能长期留存，它们之所以能够坚持下来，是因为这种认同被国家、军队、教会和法律体系引入现代社会。所以，我想补充的是，如果将神话、记忆、符号、价值和传统在神圣或世俗的文本中解读出来，它们是否和族群认同相关联？正如哈钦森所说，对族群—象征主义者来说，重要的是民族主义者以族群的名义进行的活动内容和历史；那么，"拥有大量的'历史'记忆和坚实的大众文化遗产来建设"（他们的民族）是非常有利的，因为这提供了政治赖以存在的基础。①

当然，这提出了一个问题，即"族群"和"族群认同"的概念具体意味着什么？以及如何将它们与民族和民族主义的概念区分开来——埃里克·霍布斯鲍姆和罗斯·普尔（Ross Poole）在批评学者试图用同样模糊和不确定的族群和族群关系概念来解释模糊的民族和民族主义概念时，有力地提出了自己的观点。虽然在这个复杂的领域很难提出精确的概念，但通过区分"族群"和"族群性"这两个最常见的含义，可以减少一些歧义。事实上，在这里，我认为我

---

① 参见 Wimmer（2008, 12-13）和 Hutchinson（2008, 20, 22-23）的回应。然而，对于 Ozkirimli（2008, 5-9）来说，John Hutchinson 作为一个后现代主义的族群—象征主义者，过着双重的生活！对于后者的答复，参见 Hutchinson（2008, 23-26）。在书中，他展示了爱尔兰的精英们如何无法自由地从过去选择，因为只要他们高兴，或者因为他们目前的工作需要，但必须考虑到几个已经存在的爱尔兰民族传统，并以此为基础。

们应该接受更广泛的含义——"族群"即"族群文化"（ethno-cultural）——而不是仅仅把族群限制在"血统"上。对族群—象征主义者来说，重要的是血统神话，或假定的祖先，而不是生物学关系。但是关于起源和血统的神话只是构成民族遗产的神话、象征、记忆、价值和传统的一部分，尽管是至关重要的一部分。这是至关重要的，因为成员们往往认为和感觉到民族独特的文化遗产来自共同的起源——包括时间、地点和亲属关系。另一方面，随着民族的人口变得更加多样化且文化各不相同时，这种信仰和情感就开始减退，共同起源神话就成为象征整体的唯一部分；虽然它可能不会被抛弃，但会让位给其他神话和记忆，美国就是一例。①

但是，即使有这些说明，族群性等概念依然模糊。因为它牵涉到定义民族概念和界定民族现象的问题。这反映了在流行的和学术的理解中，族群和民族现象之间的密切联系，甚至有一定程度的重叠，在族群形成的过程中，如自我定义、边界形成、象征培养等都是显而易见的，这些过程也涉及民族的形成——如我们在第三章中所看到的。那么，能否在族群和民族的概念之间划上一条明确的界线呢？

我担心，在实践中，这种同源现象之间不可能划出明确的界线，这一点从许多族群中可以明显看出，这些族群的成员决定脱离出来组成自己独立的民族国家，如挪威人、斯洛文尼亚人和孟加拉人成功获得独立，而库尔德人和泰米尔人仍在为实现目标而战斗。但是，这是否仅仅是一个追求独立的愿望和能力的问题，只有拥有自己主权国家的族群才是一个民族？波兰人在丧失独立后就不再是一个民

---

① 关于霍布斯鲍姆对作为血统和文化的族群的批评，参见 Hobsbawm (1990, ch. 2)。关于类似的异议，参见 Poole (1999)。然而，对于 Eriksen (2004) 来说，共同的隐喻场所和亲属关系对于集体，尤其是民族认同具有重要意义。关于占主导地位的族群观念的效用，参见 Kaufmann and Zimmer (2004)。

族了吗？这样的等式把许多族群排除在外，尽管他们是"没有国家的民族"，未获得真正的独立，但是这些族群的成员认为自己是民族的组成部分，别人也认为他们是民族的组成部分——从概念上来看，民族取决于政治上的成功。因此，根据这一观点，安圭拉（Anguilla）、圣基茨（St Kitts）和尼维斯（Nevis）将组成民族，但加泰罗尼亚人、苏格兰人和库尔德人不会，也不能。①

但是，这再一次把民族看作存在的状态，而非随时间变化、历经沧桑的沉淀。在后一种观点中，个别案例是用理想的标准或试金石来衡量的，其中关键的社会和象征过程已经发展并结合起来，以促进形成接近纯粹的"民族"类型的共同体。所讨论的进程包括但不限于，帮助建立族群共同体，强调领土依恋和记忆的作用，传播独特的公共文化，以及成员遵守标准法律和共同习俗。这些进程的发展有助于把民族从族群中区分出来，并鼓励其成员寻求政治自治，如果不是独立的话。因此，除了作为族群起源核心的象征性和定义性进程之外，使民族有别于族群的不是其对政治主权的追求，而是对主要领土、文化和法律进程的追求。

冲突与变革

这种对民族形成的描述在某种程度上反驳了族群—象征主义无法应对社会变革的指责。民族形成包含其过程和变革，也扩展到由社会冲突带来的变革。其中，有两种冲突是相关的。首先是外部冲突。丹尼埃尔·孔韦尔西（Daniele Conversi）认为，族群—象征主

---

① 关于反对以独立和取得国家主权作为民族的论点，参见 A. D. Smith（1998, ch. 4）。关于西方"没有国家的民族"的研究，参见 Guibernau（1999）。

义的弱点在于它无法解释自冷战结束以来重新获得新生的族群冲突。在他看来,族群—象征主义未能处理更广泛的背景冲突,也不了解调动族群神话和象征的各种方式带来的不同结果。安德烈亚斯·威默也认为,族群—象征主义者很少关注不同类型的冲突,包括极端主义天主教和泛伊斯兰主义等其他势力的冲突,因为他们认为所有民族及其历史都是以同样的方式形成的。一般而言,族群—象征主义者可能会被指控将其他势力视为理所当然,因为他们在描述民族和民族主义的形成和变革时,没有充分重视与邻国和大国的关系。

对于安娜·特里安德菲里都(Anna Triandafyllidou)来说,族群—象征主义者和现代主义者都没有看到族群共同体和民族是如何通过与重要的其他民族势力不断接触而形成的,因此,未能将创造民族认同的关键层面理论化。①

现在,族群—象征主义和现代主义的方法确实都不是为了处理(新产生的)族群冲突问题而设计的,这是一个已经被其他人广泛研究过的巨大课题。相反,他们的目标是解释民族的形成、变革和存续性以及民族主义在现代世界中的作用。但这并不意味着他们认为所有民族及其历史都是以同样的方式塑造的。虽然约翰·哈钦森和我一样,对民族的形成过程进行了概略的描述,但是鉴于影响民族形成的过程和层次发展的各种外部因素和环境,族群—象征主义者所谓的特定历史民族的发展可以是统一形式的、毫无道理的。然而,尽管对族群冲突的研究构成了一个不同的(或是相邻的)领域,但族群—象征的见解可以而且正在被用来阐明一些最棘手的族群和民族冲突,例如贝尔法斯特和耶路撒冷的冲突,阿维尔·罗斯瓦尔德(Aviel Roshwald)最近出版的颇具洞察力的著作《民族主义的忍耐》

---

① Conversi (2007), Wimmer (2008) 和 Triandafyllidou (2001, 21-24) 提出了这些批评。

(*The Endurance of Nationalism*) 证明了这一点。此外，约翰·阿姆斯特朗和约翰·哈钦森都强调了武装冲突和战争在民族建设中发挥的重要作用。对阿姆斯特朗来说，这些影响在中世纪伊斯兰文明和基督教文明交界的安特穆拉王国所占据的破碎地带最为明显，那里见证了与其他重要民族势力的反复碰撞。哈钦森更进一步提出了民族内外关系的理论基础。他认为，民族本身应该被理解为通过国家间的对抗、文化战争、敌对精英之间的斗争以及与其他力量之间的斗争而形成的"冲突地带"。此外，正如特里安德菲里都所证实的，我也认识到与其他民族的关系对民族形成的重要性，注意到战争和族群性之间的相互影响、族群仇敌之间旷日持久的冲突，以及冲突的神话和社会心理层面，这些都有助于将族群共同体和民族成员团结在一起。最近，我强调了外来者在帮助定义族群"自我"和划分"他们"和"我们"之间的界限方面的重要性，这是族群起源和民族形成过程的一部分。①

其次，族群—象征主义者更加关注内部冲突。他们关注的核心是精英和非精英之间的相互关系，请参见第二章。由一个或另一个精英提出的民族愿景，可能会引起非精英成员的共鸣，抑或会产生微弱或强烈的反应；或者非精英可能会拒绝或篡改它，而更倾向于由敌对精英提供的另一个愿景。不同阶层的非精英之间也可能存在着冲突，他们有着不同的需求、观点和传统，精英之间的冲突可能会把这些问题再次反映和放大。在历史记录中，精英之间的冲突最为明显，尤其是知识分子和专业人士的对立派别之间的冲突。但是，族群—象征主义者一再表明，他们的斗争与非精英阶层的分裂也有着密切联系，因为他们经常需要并寻求非精英阶层的支持。这些都

---

① 参见 Armstrong（1982, especially ch. 3, and 1997），Hutchinson（1994, 2005 and 2007），Roshwald（2006）和 A.D.Smith（1981b and 2008a, ch. 2）。

不表明族群—象征主义提出了一种族群决定论的模型，也不表明它是一种无用的方法，正如批评人士所言，即使这些反复出现的现象不是他们调查的主要对象，他们也无法解决精英力量和冲突的演变。这些指控反映了他们对族群—象征法的早期著作阅读有限。①

正如我们在第二章中所看到的，通常，对族群历史进行对立解读的各种民族愿景，都得到了敌对精英的拥护，这些精英试图推动自己特定的文化和政治构想，以及对民族命运的理想，这些民族愿景还诉诸与其对立的一系列历史、宗教或语言上的象征资源。内部变化往往发生在一个民族从神话般的纯洁性和真实性的"黄金时代"，这是由对立精英与他们的非精英阶层之间对民族命运的不同愿景的冲突引起的，后者使用不同的、有时是对立的象征资源。这种冲突最终可能发生在社会革命中。然而，更普遍的是，它是通过对公认的民族认同和命运传统的重新解释而实现的，这满足了新结盟的各阶层、各区域、各族群和宗教团体的需要和利益。或者，正如我们在希腊案例中所见到的那样，有了新的综合解释，就是选择已有传统和共享符号的元素，并将其与新精英阶层更激进的议程结合起来。即使是更具革命性的变革，也可能通过协调新旧信仰、象征和利益来"引导"，这些变革本身反映了不同的族群历史和民族命运愿景。②

---

① 关于这些反对意见，参见 Malesěvić（2006），Conversi（2007）和 Wimmer（2008）。Hutchinson（2005, ch. 3）对文化战争进行了一些详细的讨论。

② 精英象征竞争是 Brass（1991）分析独立前印度政治发展的重点。关于历史学家帕帕利戈普洛斯的希腊主义和拜占廷主义的智力综合，参见 Kitromilides（1998）。

第六章 赞成和反对

连续性问题

尽管如此强调冲突和变革,仍有学者指责族群—象征主义者几乎只关注先前族群与现代民族之间的连续性。我之前提到过对安德烈亚斯·威默的批评,他们带着偏见选择案例来支持自己的主张,并通过"剪刀加浆糊"的方法,将来自不同历史时期的一系列文本中的相同专有名称拼接起来。约翰·布鲁伊利认为,族群—象征主义者很少或根本不关注这些名称的背景和功能,因此,所谓的历史联系变得毫无意义或虚假。他总结道:

> 早期使用民族术语、民族志术语和政治术语是很重要的。但仅此而已。正如建筑材料会限制可能的建筑范围,但并不能决定(或可能预测)将建造什么建筑,所以历史遗产也与政治意识形态有关。

这无疑是对以往现代主义观点的一种进步,任何过去的"碎片或补丁"都能创造出现代民族。但这还远远不够。因为仍然遗留了不少问题,包括历史遗产是什么,以及为什么有些遗产会对后来的"建筑"产生如此久远的影响,如古典时期的市民共和传统(比如在塔西佗的《日耳曼尼亚》出版之后,有了新发现)。此外,要说这一切只是这个或那个精英阶层的"合法化"问题,似乎过于简单。为何费事穿罗马服装呢?为什么要诉诸古代以色列人的圣约?同样,这也不是族群和民族之间的简单连续性问题,甚至也不是民族主义者自己经常想象的那种介于早期和晚期的族群记忆、神话和象征之间的连续性问题。族群—象征主义者对历史的断层、时代的延续以及象征、记忆、仪式和概念在不同历史时期的不同含义有着深刻的认识。他们同样意识到传统——当然是不断变革的传统——然而，这些传统是由精英阶层，主要是牧师、僧侣和文士不断培养出来的，尤其是这些传统被编写进神圣或有声望的文本中。他们还深信，存在于一个领土政体中心的先前存在的人群（或族群核心）的重要性，他们共享先祖神话、历史记忆和一种或多种共同文化特征[通常是语言和（或）地方宗教]，为后来的民族主义和随后的民族提供了一些内容。尽管通常由民族主义者及其追随者进行选择性协调，这些并不是决定因素，而是民族建设的推动者和塑造者。①

此外，族群—象征主义者非常赞同一些族群名称（西哥特人、伦巴第人、勃艮第人）消失而另一些保留下来，这无法用缺乏的"神话—象征"结合物来解释。专有名词只是族群起源的一个方面，也许是一个起点；但是族群类别、族群关系和共同体连同它们的名字，由于各种各样的原因出现或消失。重要的是，族群传统的历史和内容的总体重要性程度，在一般情况和具体情况下，如前面所述，当然可能差别很大。约翰·布鲁伊利等现代主义者认为，大众民族主义者若想借鉴过去，他们确实可以借鉴大量的族群神话、象征和记忆，其中包括语言、习俗、仪式和传统。正如他所主张的，民族主义运动通常始于精英阶层或次精英阶层，通过语言、文学、音乐和艺术工作传播到指定群体的其他阶层，正是因为存在可用的类似于威默的"历史构成的文化框架"的族群文化资源，该资源通过次

---

① 关于任何过去的"碎片或补丁"都足以创建民族的观点，参见 Gellner (1983)。关于建筑材料的引用来自 Breuilly (2005a, 93; see also Breuilly 2005b)。Wimmer (2008) 提出了类似的批评，参比 Hutchinson (2008) 的答复。关于"族群核心"，参见 Kaufmann (2004b) 和 A.D.Smith (2004c)。

精英选择和重新解释的过程，有助于塑造民族这座新大厦。①

关于威默提出的指控——只选择符合所谓连续性论点的案例——他自己也指出，这不仅仅局限于族群—象征主义者。这是历史社会学和比较社会学的普遍做法，这种做法当然不理想，在一定程度上可以通过选择相似和不相似的案例来预防。但是，这种普遍做法有充分的实际理由。毕竟，很少有学者具备语言能力和历史知识来研究大量有关"族群""民族"和"民族主义运动"的可能案例。即便如此，即使是由研究团队进行的定量调查也会遇到定义概念的问题，在这个竞争激烈的领域更是如此；我们只要回顾一下大卫·莱廷（David Laitin）和安德烈亚斯·威默早些时候引用的调查结果的矛盾之处，就会发现这些问题有多棘手。

因此，族群—象征主义者更倾向于（更不用说几个现代主义者）进行一系列历史和当代案例研究，这些研究更具有启发性和探索性，而不是假设检验。通过比较的方法，我们希望对民族形成、民族主义运动等形态的对比模式进行阐释，同时提供布鲁伊利所希望的那种"历史背景"，因此缺乏定量分析。除非我们局限于单一的个案研究，否则无论过去还是现在，当我们试图概括不同类型的民族和民族主义的形成、存续和变革时，我们不可避免地面临着我们熟悉的空间、时间和知识（语言和档案历史）的限制。尽管存在这些限制，但宏观历史研究和比较研究仍可以提供有益的见解，并能更广泛地理解族群和民族现象。

---

① 关于确认，参见 Wimmer（2008, 13）。Jusdanis（2001）确实将文化作为现代化构想的必要重点。中世纪欧洲关于专有名称和族群界限的争论，参见 Breuilly（2005b, 31-4），A.D.Smith（2005b, 106-7）和 Smyth（2002）。

民族的侵蚀和存续

对于许多学者来说，民族和民族主义在历史上都是根植于现代时代的，因此注定要在后现代时代消亡。当然，这反映了现代主义者对民族主义的历史划分。在"全球化"的影响下对许多现代主义者和"后现代"的多数学者认为，民族和民族主义甚至正在被更多的地方和全球认同所取代。以英国和西班牙为例，民主的全球化压力已经导致更具包容性的"后古典"民族国家取代了同质的"古典"民族国家，这个更具包容性的国家能够满足其各族群共同体和民族的需要和愿望。①

虽然族群—象征主义者不赞成对民族或民族国家命运的普遍看法，但是他们关注民族的长时段、族群和民族文化的渊源，并对民族和民族主义被取代的观点持怀疑态度，而不像那些采用"短年表"（short chronology）的人那样，认为这些现象是18世纪晚期以来现代的新生物。虽然，我在上一章最后指出，当代世界的激进社会和政治变革正在改变我们对民族共同体的既有观念，但是民族的许多象征性和制度性形式（相对于意义而言），以及民族成员共同的领土依恋、民族神选的世俗神话和纪念牺牲的活动基本上保持完整。诚然，可以说我们生活在一个"民族的世界"中，我们这样说的意思是，

---

① 参见 Hobsbawm（1990，ch.6），Laitin（2007，chs 4 and 5），Giddens（1991）和 Horsman and Marshall（1994）更有限制的立场。Anderson（1991）是现代主义的一个例子，他认为民族和民族主义不会被全球趋势所取代。对于 Guibernau（2001）来说，古典民族国家正在被更为松散、多元主义的"后古典"民族国家所取代。

世界各地诸多男女首先把自己看作民族共同体的成员,并且这些共同体,即使没有国家的保护,仍然掌握强大的象征和制度资源。

对于各种反对"后现代""全球化"的声音,说它们削弱了国家权力,破坏了民族凝聚力,族群—象征主义者指出,几个世纪以来,周期性的全球性挑战使族群关系重新焕发生机,甚至现在,在没有任何可称为"全球文化"的情况下,仍继续鼓励许多成员对既有民族认同传统和民族共同体及其历史文化的再生进行重新诠释。这种情况仍然存在,即使民族国家将其主权的某些方面移交给如欧洲联盟这样的新型跨民族组织也是如此——法国和荷兰民众对欧洲领导人的一些政治倡议,如对《欧洲宪法》的强烈反应表明了这一点。在这方面有两个重要因素。第一个因素是世界各地武装冲突的记忆和重现,无论是单纯的局部战争,还是大国之间可能导致军事干预或武装维和行动的对抗,并且媒体的不断曝光和大众传播放大了这一点。电视和互联网生动地报道了战争带来的人员伤亡,持续助长了双方的民族情绪,并上演有关血祭和民族复兴的民族主义神话,这些神话往往会在定期的纪念仪式上再现。在许多情况下,这些仪式已经成为民族公共文化的支点和群众参与民族命运活动的焦点,从而在全球化时代继续巩固民族的团结感,如果不是凝聚力的话。①

第二个因素是移民。移民的规模不断扩大和人数不断增加,这在很大程度上是由全球处处可见的不平等和大众传播导致,也涉及更多不同信仰、不同文化的人,因此移民常常使人们质疑既有的传统、民族认同和共同体的叙述。但正如我们所看到的,结果往往有

---

① A.D.Smith(1995,ch.1)认为没有任何能够吸引人心的"全球文化"。关于血祭,参见 Marvin and Ingle(1999)。关于战争亡灵崇拜与民族复兴,参见 Mosse(1990),Winter(1995,ch.4),Prost(1997)和 Winter and Sivan(2000)中的文章。更一般的,关于战争与民族主义的联系,参见 Hutchinson(2007)。

两面性。一方面，移民给这个民族带来的新多样性可能会受到欢迎和庆祝，但随之而来的可能是关于共同体既有传统的性质的辩论。另一方面，劳动力和住房市场的压力以及对恐怖主义的恐惧，可能导致领导人和精英重新思考，在族群骚乱和种族暴动之后，他们不仅出台了移民政策，而且准备抛弃既有的民族传统元素，取而代之以新颖的多元文化"混合认同"。其结果可能是重新塑造传统的民族认同概念，并使民族共同体更加复兴，更加接近于人们既有的记忆、神话、价值和象征的模式和遗产，而不是早先更激进的像背离承诺那样——这是族群—象征主义者所强调的。除了这些因素外，在全球化时代，在这些因素中增加现代和更具包容性的现代国家的复原力和社会文化渗透，我们可以赞同族群—象征主义者的主张，即我们可以继续谈论民族的存续和"后现代"世界中的民族认同感。①

认同与共同体

那么，这是否意味着我们有权将民族认同视为现代性的一个基本组成部分，是现代的产物，或者有人会说"后现代"具有政治性？西尼亚·马莱维奇（Siniša Malešević）认为，迄今为止，对族群—象征法最持久的理论批判中，这种假设可能是更为严重的错误之一。这是因为他认为这个概念本身就是模糊的，在理论上不连贯，在政治上是危险的。我要补充的是，现代主义者绝不能免于这种指控，

---

① 认同的"混合"概念与对"后现代性"和"后民族"秩序的分析有关，关于此，参见 Bhabha（1990, ch. 16），Giddens（1991）和 Soysal（1994）。Kumar（2003, ch. 8）分析了现代多民族社会如英国所面临的相互冲突的压力，另参见本书第五章，第 126 页脚注①。

毕竟，欧内斯特·盖尔纳声称，今天一个人的文化就是他自己的认同，而埃里克·霍布斯鲍姆也谈到了大众认同的形式。约翰·布鲁伊利也在一定程度上关注了自我参照的民族主义意识形态的象征意义，如阿非利卡人的多样性；而对于蒙特塞拉特·吉博纳而言，大众的民族认同是现代政治的核心，马莱维奇认为，当下（自20世纪50年代以来）时兴的语言认同观点相对较新。它的起源可以追溯到逻辑学和数学领域，在这些领域中，这个概念是有用的，并且具有相似性和差异性的精确意义。但是，与社会科学相反，它目前的广泛使用只会造成困惑，因为有时过于死板，有时过于混乱和模糊，而且在这两种情况下都不是用于分析目的。就像罗杰斯·布鲁贝克一样，基于相似的方法论基础，试图摒弃诸如民族、族群和大移居等实质的、固定的"群体性"和本质主义的概念，西尼亚·马莱维奇希望我们摒弃放纵自我的概念，这是一个很有问题且容易被政治操纵的概念。事实上，他的主要目的是重新确立在他看来对社会更有用的旧的"意识形态"概念，以取代目前流行但极具误导性的概念，如认同、民族认同和认同政治。①

这里似乎有些误解。毫无疑问，出于科学严谨的考虑，进行"语言清洗"是可取的，这样我们的分析性概念可以与大众的实践和思想隔绝开来。可是，在社会科学中，尤其是在政治和历史社会学中，这几乎是不可能的。大多数社会学概念——阶级、性别、种族、国家等往往同时是分析性概念，也是参与者的行为类别概念，"意识形态"本身的概念也是如此。就像从古代的"波斯人"和"希腊人"，到现代的"法国人""德国人"和"俄罗斯人"的集体命名一

---

① 关于这个批评，参见Malesević（2006，chs 1 and 2）和Brubaker（1996，ch. 1，and 2005）。关于南非白人认同，参见Breuilly（1993，64-67）。关于民族认同的扩展分析，参见Guibernau（2007）。

样，所有这些概念都可以被具体用来贬低、排斥和压迫他人。近代的"认同"概念可能是模糊的、包罗万象的，但作为一种分析对象，我们不能简单地放弃它，也不能放弃其试图概括的真实性和独特性普遍理想；民族、民族共同体以及族群和民族认同等相关概念亦是如此。在我看来，我们也不应该放弃这些概念。在社会科学中，我们的概念必须贴近经验现实，而不是纯粹抽象分析，脱离现实。这也是为什么"认同"必须与同样包罗万象的"自治"和"统一"的理想一起作为民族主义意识形态运动的目标之一——事实上，自18世纪这一运动兴起以来一直如此，当时对文化独特性和真实性的追求变得十分广泛。"认同"是与众不同的"本质"和差异，是许多人感到他们需要去发现、去创造、去追求，甚至是为之而死的东西。人们可能会哀叹这一事实，但纯粹主义的理论反对从未劝阻大多数人放弃他们的信仰和理想，毕竟，这些都是历史学家和社会学家必须解决的问题。对"民族认同"的追求不仅成为理论家和国家精英关注的问题，也引起了许多人的关注，即使他们认识到，并非所有国家成员都可以共享这种认同，或者以不同程度或方式共享这种认同。正如马莱维奇自己所认为的，"认同"趋向于取代诸如"社会意识""种族"和"民族性格"等旧的集体概念，并试图实现同样的目标，即用人人都能理解和察觉到的方式表达集体差异和个性。①

认同的概念不仅仅是一个现代的概念。我们已经可以在索福克勒斯（Sophocles）的《俄狄浦斯·泰诺斯》（*Oedipus Tyrannos*）中找到一个经典的表达方式，书中的主人公就在最后惊天动地的启示之前，声称"我将知道我是谁"（是科林斯人、底比斯人、奴隶

---

① Maleševič（2006，31-35）。Guibernau（2007，ch.1）分析了民族认同的各种基础——文化、心理、历史等。关于早期对"民族性"的普遍信仰，参见 Kemilainen（1964）。

或……)。在《约拿书》（*Jonah*）中，水手们在暴风雨中问约拿是谁，发现他是一个"希伯来人"。在欧洲的宗教战争中可以找到对立的概念，可以用一个词完美地概括，就是波洛尼厄斯（Polonius）：

> 尤其要紧的是，你必须对自己忠实，
> 正像有了白昼才有黑夜一样，
> 对自己忠实，才不会对别人欺诈。
> ——摘自《哈姆雷特》（第一幕，第三场）

正如乔普·勒森（Joep Leerson）所指出的，至少从16世纪开始，就再次出现对自我和认同的关注，有人会说出现得更早，这就形成族群模式化形象，有助于为后来欧洲和世界的政治分裂奠定文化和心理基础。莱昂内尔·特里林（Lionel Trilling）汇集了许多"真实的"自我或"诚实的灵魂"的例子，从莫里哀和狄德罗到黑格尔和康拉德的分裂，并由此追溯了我们关注真诚和真实性的起源。这正是族群—象征主义者试图探索的同一历史谱系。[①]

进一步的误解在于我和该领域的其他学者对族群性、民族和民族主义静态的"台球式"的定义上，而不是我们原来想的那样，仅仅在解释上寻求明确的衡量标准。就我而言，关于理想类型的族群和民族现象的定义，最多只是个衡量标准。这些定义是否有用要看它们能否帮助我们区分现象类别。与此同时，他们总结了社会和象征性进程，这正是我一直煞费苦心要阐释的，只要共同体的具体情况或多或少接近理想的民族类型，就可以通过这些进程的发展来证

---

① 关于更深刻的分析，参见 Trilling（1972）。Leersen（2006, 25-70）探索了中世纪和近代早期欧洲的族群刻板印象，他认为这是后来现代民族产生的心理基础。

明。事实上，我和许多学者都认为，我们解释的主要对象一直是所谓的"民族"或"民族共同体"以及族群或族群共同体的类型——它们的起源、普及、存续和变革。（民族、族群）"认同"的概念既重要又次要，说它重要是因为它概括了共同体感受上的差异、独特性和个性，例如，约翰·阿姆斯特朗利用这个术语将"族群认同"逐渐演变为"阶级认同"和"宗教认同"，引起了人们对不同类型共同体依恋的可塑性的关注。并不是说像"民族共同体意识"（sense of national community）或韦伯的"共同族群感"（sense of common ethnicity）这样的术语会更容易被马莱维奇这样的批评家所接受，问题是"什么的民族共同体意识"。但是，这种质疑并不意味着我们要放弃共同体和认同的概念，我们只需要在各种历史背景下，明确哪些人拥有民族共同体和认同感，从而证明这些概念对这些人的用处以及我们能用这些概念理解什么。实际上，马莱维奇发现的问题只是在更简短的理论陈述中出现。①

新涂尔干理论？

马莱维奇的综合评论的第二部分更直接地针对我的方法，他坚持称其为"理论"，并以此来判断——尽管我反复明确地表示这只不过是一个概念性方法。我将回到这一重要的问题。马莱维奇对我的族群—象征法提出的指控具体有三点：我对民族从族群崛起的观点被称为"进化论"；我对社会群体类型的分析方法被描述为"整体主义者"；我对它们性质的描述被视为"理想主义者"。马莱维奇

---

① Malešević（2006, 25-27 and ch. 2）讨论了这些问题。关于"认同"的现象学研究，参见 Armstrong（1982, ch. 1）。

第六章　赞成和反对

认为，从这三个方面来看，我对社会世界的理解基本上都是涂尔干式（Durkheimian）的（或者更确切地说，新涂尔干式，因为我引入了现代性的第二种路径和形式，即族群形式而不是公民形式），凭这一点，我就是完全错误的。我认为，正是他的这种描述产生了重大的误解。①

第一，我要从进化论开始讨论。确实，我的出发点——研究民族共同体的形成，是对族群关系和族群类型的分析，约翰·阿姆斯特朗和约翰·哈钦森也是如此。此外，与现代主义者以及古典社会学家一样，族群—象征主义者承认"现代性"一词概括出时代的巨大变化，并将现代化的结果与前现代社会的状况进行对比。因此，涂尔干学说或进化论并无特别之处。而且，我和其他族群—象征主义者都不认为族群必须发展成民族，或者族群与后来的民族之间存在着一一对应的关系。目前有许多族群类别、族群关系网和族群共同体即使参与到政治领域中也没有发展成民族。我们只要想想美国或撒哈拉以南非洲地区的族群类别或共同体的领导人和精英们所采取的策略就知道原因了，这些族群或共同体的成员并不寻求自治，更别说让自己转变为一个拥有领土的民族共同体了。在民族发展过程中，没有预先设定好的道路要走，没有什么是必然的、不可改变的，也不是每个历史阶段都会经历；族群—象征主义者完全不认同这些所谓的决定论、宿命论和终结论的本体论假设。相反，族群和民族被认为是理想的类型构成，而族群—象征主义的任务之一就是阐明它们之间的关系，并描绘不同历史环境下文化群体所走的可能路线。对于族群—象征主义者来说，没有历史发展的"使命"，没有历史的单向过程，也没有历史的终点。正如很久以前我在关于社会

---

① Malešević（2006）的第五章，致力于我的族群—象征法的涂尔干式分析。

变革的著作中所指出的外部事件（战争、殖民、宗教运动等）与内部过程间的相互作用还有很大空间。这意味着，无论是在一般情况下还是在特殊的情况下，在不同类型的共同体之间，如族群和民族之间，其发展可能有不同的方向，发生逆转也是有可能的——人们可能会说，真实的案例就是亚美尼亚人和犹太人成为散居者。更确切地说，是成为现代主义者，在这里，我们必须把西尼亚·马莱维奇与他关于盖尔纳观点的章节联系起来，他们坚持历史沿着单向进程变革，而且确实是通过进化发展——特别是通过血统和高压政治的方式来发展的。①

我要补充的是，还有许多其他同样重要的社会变革——经济、政治、社会和文化——学者们可以并且确实应该对此进行研究。但唯一令族群—象征主义者感兴趣的是关注民族和民族主义的崛起和转变，因此，人们把族群和民族作为特殊的共同体来关注（不幸的是，在这里，我们又有了具有分析作用的一个概念——民族，同时它作为民族主义意识形态的对象，以及许多人日常言论和情感的对象）。这种相对狭隘的观点符合我的总体论点，即族群—象征主义并不假装提供一个关于民族和民族主义的整体理论，更不用说社会和政治变革了。

第二，转向整体主义的指控：不可否认的是我自己的作品中有一个整体性元素（并非所有的族群—象征主义者都是如此。约翰·阿姆斯特朗则采用了一种现象学的方法，尽管他十分重视神话学家和"神话—象征复合体"，但却将族群认同视为一系列不断变化的态度和观念）。如果想要解释个体为何加入或坚持民族主义运动，方法

---

① 参见Maleševič（2006，129-30）和 A.D.Smith（1973a）。关于亚美尼亚人和犹太人，参见 Armstrong（1982, ch. 7），关于他们的民族主义，参见 A.D. Smith（1999a, ch. 8）。

第六章 赞成和反对

论上的个人主义显然解释了这一点。但我的目的是探讨民族共同体的历史基础以及民族主义的起源和影响等大问题，这个方法似乎用处有限。社会生活和共同体似乎远远超过个人兴趣、偏好和性格的总和，它们还包括共同的准则、价值、记忆、象征等等，这些可以被编纂成法典并代代相传。这并不意味着道德存在的前提是要有集体生活，也不意味着族群和民族具有永恒的光环，因为他们拥有一种超越历史的力量，塑造着人类几个世纪以来的行为——在安德烈亚斯·威默看来，这是族群—象征主义者的赫尔德式"浪漫本体论"的基本错误。这也不意味着民族是实质的、同质的和有形的群体。的确，许多民族主义者也不赞成这种准有机主义者的观点，这可能在一定程度上解释了为什么他们为创造一个人人都能接受的理想民族而进行的孜孜不倦的智力和审美活动。无论多么遗憾，他们终究认识到，除非在严重危机的时刻，"他们"共同体的成员不太可能对民族有单一的理解。而且，正如我在本章和其他章节所证明的，在任何特定时期，对共同体的历史和命运往往有不同的诠释。事实上，族群和民族共同体并不是一成不变的，冲突是民族政治和关系的一个常见特征——尽管它可能不像马莱维奇的修昔底德（Thucydidean）世界观所设想的那样具有普遍性。①

当马莱维奇错误地认为我把道德归因于族群共同体或民族时，他夸大了"群体主义"（groupist）在族群—象征主义作品中的重要

---

① 关于适用于民族和民族主义的方法论上的个人主义策略，参见 Hechter（2000）和 Laitin（2007）。Brubaker（1996，ch.1）追求的是对整体主义和本质主义的批判。然而，Malešević（2006，141）认为"人类生命具有内在的冲突性"，他还声称，人类代理人"具有一些普遍的、超越历史的特质，尽管这些特质被现代环境所改变，但'永远不会被抹杀'"。关于我作品中对整体主义的批判，参见Malešević（2006，130-32），关于族群—象征主义者的"浪漫本体论"，参见 Wimmer（2008）。

性。同样,他也误解了我对芬兰人、乌克兰人和斯洛伐克人"回到他们的黄金时代"的描述的意义。这些都是知识分子和专业人士在民族主义萌芽时,对其关心的象征问题的简短陈述,以及他们通过教育和宣传影响更广泛人群——我想,大多数人也会这样理解。[1]

除了族群—象征主义者之外的许多学者,感到有必要借助集体的象征层面来分析民族的形成和延续,并把"民族"作为一个分析范畴和特定的历史共同体形式来对待。像彼得·什托姆普卡(Piotr Sztompka)所说的那样,如果族群和民族只是"流动的、复杂的、重叠的、横切的和叠加的多重关系网络",那么我们不知道该如何解释它们经久不衰的元素,以及它们对那么多人心灵和思想的影响。如果像马莱维奇那样,简单地用(民族主义)意识形态来表述这一论点,外加现代形式的国家高压政治和精英操纵,且没有经过反复讨论,就很难公正地对待这个问题,而从长远来看,这显然是不够的。毕竟,为什么会出现这种特殊的意识形态,为什么会持续存在,并在全球有那么多狂热的追随者,为什么那么多人愿意为"民族"而献身?到底是什么让如此多的信男信女觉得民族形式的共同体如此有吸引力?要回答这些问题,仅以修昔底德的方式来列举国家强制、精英操纵和人类冲突的内在本质是不够的,更不用说人类代理人的"某些普遍的、超越历史的品质"了(这不符合现代主义范式和马莱维奇的论点的主旨)。相反,我们必须探究知识分子的民族主

---

[1] 参见 Malesěvić(2006,131-32)。如果不是这样,在学术著作中就不可能使用集合专有名词;甚至罗杰斯·布鲁贝克在《克鲁日》(*Cluj*,2006)中对族群关系的研究中也使用了"匈牙利人"和"罗马尼亚人";参见 Csergo(2008)中的批判。

义意识形态能够引起共鸣的象征世界,以及这个世界的文化和历史基础。①

第三,马莱维奇同样错误地将我的族群—象征方法描述为"理想主义"。埃里·凯杜里也许会相信思想的决定性力量,但是族群—象征主义者可不相信。族群—象征法属于历史社会学,它并不预设一个理想的参照体系。一开始,在《民族的族群起源》一书中,我将族群定义为社会文化共同体的一种形式,而不是知识分子或意识形态体系。因此,族群具有不同的历史形态——横向的、纵向的、分散的——有利于为这三种族群共同体的成员提供可以跨越的独特路线。这些道路是没有必要的,因为它们总是可以逆转的,而且很可能存在其他类型的族群共同体和不同的路线。最重要的是,它需要其他外部因素——强大的中央集权国家的崛起、知识分子阶层的出现、移民和殖民——为这些类型的成员创造条件,让他们体验并刺激民族形成的社会进程和象征进程。②

我已经解释过,族群—象征法的总体目标是提供对民族和民族主义的社会和文化理解,在很大程度上也强调文化根源对现代主义方法的必要补充,该方法注重政治和经济因素——甚至只要粗略地看一下约翰·阿姆斯特朗列举的各种因素,就足以消除那些意识形态或文化占优势的任何简单概念。的确,在我的新作《被选的人民》

---

① Sztompka(1993,187)赞许地引用Maleseviç(2006,131)。然而,在第4章(107)的末尾,我们发现这些流动的关系受到了极大的限制——被现代国家的力量所制约,而现代国家的力量就像国际象棋一样,是固定的、受到严格控制的。

② 参见 Kedourie(1971,Introduction)和 A. D. Smith(1979a,ch. 2 and 1983,chs 1 and 2)中我的批判。关于我对族群及其类型的描述,参见 A.D.Smith(1986,chs 2 and 4)。关于"双重合法化"情况下,现代知识分子所面临的不同路径,参见 A.D.Smith(1983,ch. 10)。

(Chosen Peoples)中,我提到了民族主义与宗教的关系,将民族主义描述为人民和民族的宗教,是公民的神圣集会。书中有一个更大的"文化主义"(但不是理想主义)的强调,我承认我得十分感谢涂尔干理论,尽管它的作用有限。但是即便如此,我更感兴趣的是公共仪式和典礼,以及对黄金时代的传统和记忆、家园的象征和被选人民的神话,而不是思想或信仰本身。①

然而,正是在这个部分,西尼亚·马莱维奇声称在我的族群—象征法和涂尔干理论之间找到了最紧密的联系。但他这么做可能会把我的方法与涂尔干的理论混淆起来。在涂尔干的宗教社会学中可能发现的社会和神圣之间的紧密联系并不是族群—象征法的一部分,民族在某种意义上是"神圣的"(这在涂尔干那里是找不到的,正如马莱维奇所承认的,涂尔干很少写关于民族的东西),这严重夸大了我的观点。在追溯古代和中世纪拣选神话之间或使黄金时代的记忆引入现代时期之间的关系时,当它们被民族主义知识分子所接受并用于政治目的时,我并不是说这些神话和记忆没有被世俗化或改造过,只是它们为后来的民族创建提供了重要的文化资源和族群关系网络。我也不相信涂尔干所说的,即宗教和神圣可以被"转化"为社会。我的观点很简单,民族主义永远不只是一种政治意识形态;它也涉及重要的文化和宗教方面,其信徒通过定期举行公开庆典和仪式,包括通过改编早期文化和族群共同体的神话、象征、传统和记忆,从而体现出对民族信念的狂热忠诚。除了我在《被选的人民》一书中所使用的涂尔干功能性宗教方法之外,这里并没有什么特别的新涂尔干主义。在任何族群—象征分析中,也没有任何迹象表明民族主义的政治宗教和民族公民的神圣交流是"永恒的"。这也许是涂尔干关于宗教因素的一些观点,但不是我的观点,马莱维奇认为,

---

① 参见 A.D.Smith(2003a and, even more, 2008a)。

民族主义"表现出一种类似宗教的吸引力",它借用了宗教语言和意象,并将民族描绘成"半神的实体"。此外,在卡尔顿·海耶斯(Carlton Hayes)和本尼迪克特·安德森等学者的著作中,也可以找到这样的观点,即民族的理想可以通过子孙后代给其成员一种不朽的感觉。我只想说,有些文化共同体的确比其他文化共同体持久得多,有些族群共同体的某些因素,特别是其象征、神话、记忆和传统,世代相传,甚至在某些情况下延续了几个世纪;历史记录清楚地记载了这些。但民族永恒,不可能。①

最后,值得注意的是,族群—象征主义者对韦伯和齐美尔(Simmel)(以及巴斯等人)的研究与对涂尔干的研究一样多,从整体上看,我自己的作品也是如此。当然,能与如此杰出的社会学家有联系,我感到很荣幸;但是马莱维奇通过将我的族群—象征法与涂尔干的理论紧密地结合起来,从而巩固他的中心论点,即我的观点和方法构成了一个近似的全面理论。这样,我的理论就会被证明是错误的,并被判定为"极其不准确的"拼图,并没有资格"对民族形成过程作出全面的解释"。②

---

① 参见Malesěvić(2006,122-27,132-34)。关于民族宗教与后代,参见Anderson(1991)和Hayes(1960)。关于涂尔干没有任何关于民族和民族主义的著作,参见Mitchell(1931)。

② 参见Malesěvić(2006,128,135)。关于古典社会学和民族主义之间的联系,以及我对齐美尔的感激之情,参见A.D.Smith(2004a,chs 4 and 6)。Armstrong(1982,ch.1)对Fredrik Barth的感谢。

总　结

131　我只能再一次重申我的开场白：族群—象征主义，包括我自己的版本，并不打算提供一个完整的理论和民族与民族主义的"全面的解释"，尽管这可能是对的。但假装自己可以提出一个完整的理论，显然是十分自负的。

族群—象征主义的目标显然更为温和。它不能也不期望提供关于族群和民族现象的全面和包罗万象的理论，这主要是由于其调查对象过于繁杂，包括运动、共同体、依恋、象征主义和仪式的多样性。相反，通过他们的理论和社会历史分析，族群—象征主义者希望为研究民族和民族主义的社会文化史提供概念和启发工具。正如我所说，它们既是一种历史社会学，又是一种民族主义和民族主义的比较史，特别强调文化和象征的维度，以及往往被他人忽视的族群传统的历史和内容。在这方面，族群—象征主义既存在于古典社会学的传统中，也存在于比较历史学的传统中，并寻求建立在它们的洞察力基础之上。族群—象征主义者在这一事业中取得了多大程度的成功，必须由该领域的学生和学者来评判。

后 记

族群—象征主义与民族主义研究

今天，民族主义研究已到了一个关键的时刻。在过去的50年里，民族主义一直被现代主义正统理念所主导，但在第二次世界大战之后，人们不仅在民族主义的现代性上，而且在民族的现代性上达成了近乎一致的共识，取代了"永存主义"关于民族跨历史循环和民族永恒的假设。但在这一时期，现代主义受到了社会生物学家和文化原生主义者的重大挑战。最近，一些"新永存主义"历史学家，尤其是英国和法国的历史学家，重新审视了有关民族（如果不是民族主义的话）年代的史学争议，尽管这种争议更为谨慎，而且规模有限。尽管如此，从更广泛的社会科学角度来看，"经典辩论"（classical debates）及其对民族和民族主义的叙述，一直严重倾向于现代主义年表和现代主义社会学解释。

但这只是故事的一部分。在过去20年中，该领域出现了一些新的、时常是重叠的变化：对民族主义的"理性选择"方法，在美国尤其流行，女权主义和性别解释、"混合"民族认同与多元文化主义的文化研究、后民族主义和全球化方法，以及对"日常民族"和民族主义消费的研究。总之，这些发展证明了民族和民族主义研究的现有格局发生了根本性的重新定位和转变，在新的解读与早期的"经典辩论"和叙事之间生成了某种鸿沟。除了理性选择理论和全球化方法，这些发展受到话语分析和"后现代主义"转向的影响，在很大程度上也避开了前辈的宏大叙事，避开了支撑它们的因果历史方法论。相反，他们接受了民族现象的建构主义和反本质主义概念，对通俗表达进行民族志调查，并对具体的当代案例进行微观分析。

这对于文化研究来说尤其如此，因为文化研究的主题是对混合的民族认同和对"日常民族"消费的解释。他们认为，现代主义者和他们的反对者所分析的民族和民族主义的叙述完全是基于精英阶层（虽然不是官方的），研究日常民族和文化混合性的学者们转而寻求通过关注"人民"的民族信仰、品味和活动，为这一领域注入新的活力——非精英——他们构成了民族主义者理想的明显主题，并成为民族和民族主义研究的核心。

正如我所论证的，族群—象征主义者的信仰、活动和态度和非精英人士大同小异，这些非精英人士往往需要被敌对的民族主义精英或次精英说服（如果不是动员的话）。他们也拒绝了大多数现代主义者"自上而下"的方法，并且他们通常只强调国家精英。当他们考虑进入构成"人民"主体的非精英的"内心世界"时，族群—象征主义者从他们共同的历史和文化环境的各种象征元素中寻找民族主义诉求的来源——无论是神话和象征，还是记忆、传统和价值的来源。但是，"日常民族"的学者，对当代民族居民的品味、选择和情感进行微观调研时，很少或根本不考虑他们的历史背景，而历史上的族群—象征主义同样关注历史上的民族和日常生活中的民族，也就是说，关注前几代族群和民族共同体的各种文化遗产和传统，为其后代的成员适应不断变化的情况和新的挑战提供了重要的参考体系。这意味着非精英的信仰、情感和活动不能脱离他们更广泛的文化背景，也不能脱离他们精英阶层的叙事和文化构想，并且必须被视为对整个民族共同体与其他共同体关系进行更广泛调研的重要组成部分。

从这一点来看，很明显，在某些方面，族群—象征法跨越了我之前发现的在早期的历史宏大叙事和当前对"普通人"的文化微观分析之间的鸿沟。一方面，族群—象征主义者热衷于理解大众情感、信仰、品味和活动的民族意义。另一方面，他们认为，只有更广泛地分析共同体的历史背景和文化背景，以及其特定的价值观念、记忆和传统，才能做到这一点。

但是，在其他方面，族群—象征主义自出现以来一直是"经典辩论"的一部分。它与许多现代主义者有着共同的宏大叙事，讲述了民族的形成以及民族主义的出现和发展。它的论点和时期可能不同，它在强调民族的族群塑造方面也有其独特之处，但它的历史叙述形式和解释框架，也与现代主义相似或相同。此外，族群—象征主义者同样致力于因果历史方法论。为了响应民族主义领袖的号召以及某一历史节点的民族运动，他们试图用因果关系将个人和群体对其民族活动、选择和信仰的理解与民众运动理由相结合进行解释。在族群—象征主义者惯于给出的理由中，象征、传统、记忆、价值和神话在解释民族形成的原因、过程以及民族主义运动的成功与否方面起着重要作用。这不是否认精英政治、经济和军事因素的重要性，更不是否定这些因素在民族主义运动的时机和成功方面的重要性，只是通过关注构成这些运动和非精英阶层矩阵的历史社会和文化因素，才能寻求更全面和充分的解释，他们的诉求经常针对这些非精英人士——即人民。

族群—象征主义源于对现代主义纯粹结构性描述的不满，以及他们对在民族和民族主义的形成和形态中扮演着重要角色的文化和象征元素的忽视。在各种现代主义者和永存主义者之间正在进行的辩论中,族群—象征方法提供了一种中间途径,旨在避免与这两种方法相关的问题,同时解释两种解释都忽略的民族的塑造和地位问题。在此过程中,他们试图将概念上和经验上相邻但在知识上分开的族群性和民族主义领域与他们独特的学术传统结合起来,从而拓宽了民族和民族主义的研究范围。

但这并不是族群—象征主义所能提供的唯一服务。如果它提供了与族群研究领域的关联,那么出于同样的原因,它也可以对我提到的一些新颖的出发点提供这种关联。如果当前对民族主义的研究呈现出一组不断变化、支离破碎的图景而无法让人轻易理解,那么族群—象征主义可以被看作一种方法,这有助于弥合那些强调历史和因果关系的较早的经典辩论与该领域中侧重于多元文化、性别化的民族认同和当代大众的态度和信仰的新颖出发点之间的鸿沟。当然,族群—象征主义者遵循宏观分析框架和因果历史方法。但他们也试图通过象征环境和共同的神话、记忆和文化传统的影响,来解释参与者的行动的意义。通过指出象征和文化元素在民族和民族主义形成、发展和塑造过程中的重要意义,族群—象征主义者或许能够提供一种方法,将早期和晚期学者的一些不同关注点结合起来,并为更全面、更细致地描述民族的形成和发展以及民族主义的诉求指明道路。

参考文献

Aberbach, David (2007) 'Myth, history and nationalism: poetry of the British Isles', in Leoussi and Grosby (2007, 84-96)

Abrams, Anne (1986) *The Valiant Hero: Benjamin West and Grand-Style History Painting*, Washington, DC: Smithsonian Institution Press

Ades, Dawn (ed.) (1989) *Art in Latin America: The Modern Era, 1820-1980*, London: South Bank Centre

Akenson, Donald (1992) *God's Peoples: Covenant and Land in South Africa, Israel and Ulster*, Ithaca, NY: Cornell University Press

Alba, Richard (2005) 'Bright vs. blurred boundaries: second-generation assimilation and exclusion in France, Germany, and the United States', *Ethnic and Racial Studies* 28, 1, 20-49

Anderson, Benedict (1991 [1983]) *Imagined Communities: Reflections on the Origins and Spread of Nationalism*, 2nd edn, London: Verso

—— (1999) 'The goodness of nations', in Peter van der Veer and Hartmut Lehmann (eds) *Nation and Religion: Perspectives on Europe and Asia*, Princeton: Princeton University Press

Antal, Frederick (1956) *Fuseli Studies*, London: Routledge and Kegan Paul Ap-Thomas, D.R. (1973) 'The Phoenicians', in D.J. Wiseman (ed.) *Peoples of the Old Testament*, Oxford: Clarendon Press, 259-86

Arblaster, Anthony (1992) *Viva la Liberta! Politics in Opera*, London and New York: Verso

Argyle, William (1976) 'Size and scale as factors in the development of nationalism', in Anthony D. Smith (1976a, 31-53)

Armstrong, John (1976) 'Mobilised and proletarian diasporas', *American Political Science Review* 70, 393-408

—— (1982) *Nations before Nationalism*, Chapel Hill: University of North Carolina Press

—— (1995) 'Towards a theory of nationalism: consensus and dissensus', in Periwal (1995, 34-43)

—— (1997) 'Religious nationalism and collective violence', *Nations and Nationalism* 3, 4, 597-606

Arts Council (1986) *Dreams of a Summer Night: Scandinavian Painting at the Turn of the Century*, London: Hayward Gallery, Arts Council

Aston, Nigel (2000) *Religion and Revolution in France, 1780-1804*, Basingstoke: Macmillan Press

Balibar, Etienne and Wallerstein, Immanuel (1991) *Race, Nation, Class*, London: Verso

Barnard, Frederick (2003) *Herder on Nationality, Humanity and History*, Montreal and Kingston: McGill-Queen's University Press

Bartal, Israel (2005) *The Jews of Eastern Europe, 1772-1881*, Philadelphia: University of Pennsylvania Press

Barth, Fredrik (ed.) (1969) *Ethnic Groups and Boundaries*, Boston: Little, Brown and Co.

Beaune, Colette (1991) *The Birth of an Ideology: Myths and Symbols of the Nation in Late Medieval France*, trans. Susan Huston, Berkeley and

Los Angeles: University of California Press

Beetham, David (1974) *Max Weber and the Theory of Modern Politics*, London: Allen and Unwin

Bell, David (2001) *The Cult of the Nation in France, 1680–1800*, Cambridge, MA: Harvard University Press

Bell, Keith (ed.) (1980) *Stanley Spencer, R.A.*, London: Royal Academy, Weidenfeld & Nicolson

Bendix, Reinhard (1964 [1996]) *Nation-Building and Citizenship*, enlarged edn, New Brunswick: Transaction Publishers

Berlin, Isaiah (1976) *Vico and Herder*, London: Hogarth Press

—— (1979) 'Nationalism: past neglect and present power', in Henry Hardy (ed.) *Against the Current: Essays in the History of Ideas*, London: The Hogarth Press

—— (1999) *The Roots of Romanticism*, ed. Henry Hardy, London: Chatto and Windus

Best, G. (ed.) (1988) *The Permanent Revolution: The French Revolution and Its Legacy, 1789–1989*, London: Fontana

Bhabha, Homi (ed.) (1990) *Nation and Narration*, London and New York: Routledge Billig, Michael (1995) *Banal Nationalism*, London: Sage

Boswell, David and Evans, Jessica (eds) (2002) *Representing the Nation: A Reader*, London and New York: Routledge

Boulton Smith, John (1985) 'The *Kalevala* in Finnish Art', *Books From Finland* XIX, 1, 48–55

Bradshaw, Brendan and Roberts, Peter (eds) (1998) *British Consciousness and Identity: The Making of Britain, 1533–1707*, Cambridge: Cambridge University Press

Branch, Michael (ed.) (1985) *Kalevala, The Land of Heroes*, trans. W. F. Kirby, London: The Athlone Press

Brass, Paul (ed.) (1985) *Ethnic Groups and the State*, London: Croom Helm

Brass, Paul (1991) *Ethnicity and Nationalism*, London: Sage

Breuilly, John (1993 [1982]) *Nationalism and the State*, 2nd edn, Manchester: Manchester University Press

—— (1996) 'Approaches to nationalism', in Gopal Balakrishnan (ed.) *Mapping the Nation*, London and New York: Verso, 146-74

—— (2005a) 'Changes in the political uses of nations: continuity or discontinuity?', in Scales and Zimmer (2005, 67-101)

—— (2005b) 'Dating the nation: how old is an old nation?', in Ichijo and Uzelac (2005, 15-39)

Brock, Peter (1976) *The Slovak National Awakening*, Toronto: Toronto University Press

Bromlei, Yu. V. (1984) *Theoretical Ethnography*, Moscow: Narka Publishers

Brookner, Anita (1980) *Jacques-Louis David*, London: Chatto and Windus

Broun, Dauvit (2006) *Scottish Independence and the Idea of Britain: From the Picts to Alexander III*, Edinburgh: Edinburgh University Press

Brubaker, Rogers (1992) *Citizenship and Nationhood in France and Germany*, Cambridge MA: Harvard University Press

—— (1996) *Nationalism Reframed: Nationhood and the National Question in the New Europe*, Cambridge: Cambridge University Press

—— (2005) 'The "diaspora" diaspora', *Ethnic and Racial Studies* 28, 1, 1-19

—— (2006) *Nationalist Politics and Everyday Ethnicity in a Transylvanian Town*, Princeton: Princeton University Press

Calhoun, Craig (1997) *Nationalism*, Buckingham: Open University Press

—— (2007) *Nations Matter: Culture, History and the Cosmopolitan Dream*, London and New York: Routledge

Carter, F.W., French, R.A. and Salt, J.(1993) 'International migration between East and West in Europe', *Ethnic and Racial Studies* 16, 3, 467-691

Cauthen, Bruce (1997) 'The myth of divine election and Afrikaner ethnogenesis', in Hosking and Sch? pflin (1997, 107-31)

—— (2004) 'Covenant and continuity: ethno-symbolism and the myth of divine election', in Guibernau and Hutchinson (2004, 19-33)

Chamberlin, E.R. (1979) *Preserving the Past*, London: J.M. Dent & Sons

Charlton, D.G. (1984) *New Images of the Natural in France*, Cambridge: Cambridge University Press

Chatterjee, Partha (1993) *The Nation and its Fragments*, Cambridge: Cambridge University Press

Choueiri, Youssef (2000) *Arab Nationalism, A History*, Oxford: Blackwell Publishing

Cinar, Alev (2005) *Modernity, Islam and Secularism in Turkey*, Minneapolis: University of Minnesota Press

Citron, Suzanne (1989) *Le Mythe National*, Paris: Presses Ouvrieres

Cliffe, Lionel (1989) 'Forging a nation: the Eritrean experience', *Third World Quarterly* 11, 4, 131-47

Coakley, John (2004) 'Religion and nationalism in the First World', in Conversi (2004, 206-25)

Cobban, Alfred (1964) *Rousseau and the Modern State*, 2nd edn, London: Allen and Unwin

Cohler, Anne (1970) *Rousseau and Nationalism*, New York: Basic Books

Colley, Linda (1992) *Britons: Forging the Nation, 1707–1837*, New Haven: Yale University Press

Connor, Walker (1984) *The National Question in Marxist-Leninist Theory and Strategy*, Princeton: Princeton University Press

—— (1990) 'When is a nation?', *Ethnic and Racial Studies* 13, 1, 92–103

—— (1994) *Ethno - Nationalism, The Quest for Understanding*, Princeton: Princeton University Press

—— (2004) 'The timelessness of nations', in Guibernau and Hutchinson (2004, 35–47)

—— (2005) 'The dawning of nations', in Ichijo and Uzelac (2005, 40–46)

Conversi, Daniele (ed.) (2004) *Ethno-nationalism in the Contemporary World: Walker Connor and the Study of Nationalism*, London: Routledge

Conversi, Daniele (2007) 'Mapping the field: theories of nationalism and the ethno-symbolic approach', in Leoussi and Grosby (2007, 15–30)

Cowan, Edward (2003) '*For Freedom Alone*': *The Declaration of Arbroath, 1320*, East Linton, East Lothian: Tuckwell Press

Crow, Tom (1985) *Painters and Public Life*, New Haven: Yale University Press

Csergo, Zsuzsa (2008) 'Do we need a language shift in the study of nationalism and ethnicity? Reflections on Rogers Brubaker's critical scholarly agenda', *Nations and Nationalism* 14, 2, 393–98

Davies, Norman (1982) *God's Playground: A History of Poland*, 2 vols, Oxford: Clarendon Press

Davies, Rees (2000) *The First English Empire: Power and Identities in the British Isles*, 1093–1343, Oxford: Oxford University Press

Deflem, Mathieu and Pampel, Fred C. (1996) 'The myth of post-national identity: popular support for the European Union', *Social Forces* 75, 1, 119–43

Delanty, Gerard (1995) *Inventing Europe: Idea, Identity, Reality*, Basingstoke: Macmillan

Detroit (1974) *French Painting, 1774–1830: The Age of Revolution*, Detroit, MI: Wayne State University Press

Deutsch, Karl (1966 [1953]) *Nationalism and Social Communication*, 2nd edn, New York: MIT Press

Deutsch, Karl and Foltz, William (eds) (1963) *Nation Building*, New York: Atherton

Diaz-Andreu, Margarita (2007) *A World History of Nineteenth Century Archaeology: Nationalism, Colonialism and the Past*, Oxford: Oxford University Press

Diaz-Andreu, Margarita and Champion, Timothy (eds) (1996) *Nationalism and Archaeology in Europe*, London: UCL Press

Dieckhoff, Alain (2005) 'Beyond conventional wisdom: cultural and political nationalism revisited', in Dieckhoff and Jaffrelot (2005, 62–77)

Dieckhoff, Alain and Jaffrelot, Christophe (eds) (2005) *Revisiting Nationalism: Theories and Processes*, London: C. Hurst & Co.

Dodd, Philip (2002) 'Englishness and the national culture', in Boswell and Evans (2002, 87–108)

Doumanis, Nicholas (2001) *Italy: Inventing the Nation*, London: Arnold

Duncan, A. A. M. (1970) *The Nation of Scots and the Declaration of Arbroath*, London: The Historical Association

Dyson, Stephen (2006) *In Pursuit of Ancient Pasts: A History of Classical Archaeology in the Nineteenth and Twentieth Centuries*, New Haven and London: Yale University Press

Eddy, John and Schreuder, Deryck (eds) (1988) *The Rise of Colonial Nationalism*, Sydney: Allen and Unwin

Edensor, Tim (2002) *National Identity, Popular Culture and Everyday Life*, Oxford and New York: Berg

Einstein, Alfred (1947) *Music in the Romantic Era*, London: J.M. Dent and Sons

Eisenstadt, Shmuel (1973) *Tradition, Change and Modernity*, New York: Wiley

Eisenstein, Sergei (1989) *Ivan the Terrible*, London: Faber

Elgenius, Gabriella (2005) 'Expressions of nationhood: national symbols and ceremonies in contemporary Europe', Unpublished PhD thesis, University of London

Eller, Jack and Coughlan, Reed (1993) 'The poverty of primordialism: the demystification of attachments', *Ethnic and Racial Studies* 16, 2, 183–202

Ely, Christopher (2002) *This Meager Nature: Landscape and National Identity in Imperial Russia*, DeKalb, IL: Northern Illinois University Press

Emerson, Caryl (1998) *The Life of Mussorgsky*, Cambridge: Cambridge University Press

Engelhardt, Juliane (2007) 'Patriotism, nationalism and modernity: the patriotic societies in the Danish conglomerate state, 1769–1814', *Nations and Nationalism 13, 2, 205-23

Erffa, Helmut von and Staley, Allen (1986) *The Paintings of Benjamin West*, New Haven and London: Yale University Press

Eriksen, Thomas (1993) *Ethnicity and Nationalism*, London: Pluto Press

—— (2004) 'Place, kinship and the case for non-ethnic nations', in Guibernau and Hutchinson (2004, 49-62)

Facos, Michelle and Hirsh, Sharon (eds) (2003) *Art, Culture and National Identity in Fin-de-Siècle Europe*, Cambridge: Cambridge University Press

Finkelberg, Margalit (2006) *Greeks and Pre-Greeks: Aegean Prehistory and Greek Heroic Tradition*, Cambridge: Cambridge University Press

Fishman, Joshua (1972) *Language and Nationalism: Two Integrative Essays*, Rowley, MA: Newbury House

Florescano, Enrique (1993) 'The creation of the Museo Nacional de Antro-pologia and its scientific, educational and political purposes', in Elisabeth Boone (ed.) *Collecting the Pre - Colombian Past*, Washington, DC: Dumbarton Oaks Research Library and Collection, 81-103

Foot, Sarah (2005) 'The historiography of the Anglo-Saxon Nation-State', in Scales and Zimmer (2005, 143-65)

Fox, Jon and Miller-Idriss, Cynthia (2008) 'Everyday nationhood', *Ethnicities* 8, 4, 536-63

Frankfort, Henri (1948) *Kingship and the Gods*, Chicago: Chicago University Press

Fraschetti, Augusto (2005) *The Foundation of Rome*, trans. Marian Hill and Kevin Windle, Edinburgh: Edinburgh University Press

Frazee, C. A. (1969) *The Orthodox Church and Independent Greece*,

1821-52, Cambridge: Cambridge University Press

Freeden, Michael (1998) 'Is nationalism a distinct ideology?', *Political Studies* 46, 748-65

Gal, Allon (2007) 'Historical ethno-symbols in the emergence of the state of Israel', in Leoussi and Grosby (2007, 221-30)

Galloway, Andrew (2004) 'Latin England', in Kathy Lavezzo (ed.) *Imagining a Medieval English Nation*, Minneapolis and London: University of Minneapolis Press, 41-95

Gardiner, Juliet (ed.) (1990) *The History Debate*, London: Collins and Brown

Garman, Sebastian (1992) 'Foundations myths and political identity: ancient Rome and Saxon England compared', Unpublished PhD Thesis, University of London

—— (2007) 'Ethnosymbolism in the ancient Mediterranean world', in Leoussi and Grosby (2007, 113-25)

Geary, Patrick (2001) *The Myth of Nations: The Medieval Origins of Nations*, Princeton: Princeton University Press

Geertz, Clifford (1973) 'The integrative revolution', in idem, *The Interpretation of Cultures*, New York: Fontana

Geiss, Immanuel (1974) *The PanAfrican Movement*, London: Methuen

Gellner, Ernest (1964) *Thought and Change*, London: Weidenfeld and Nicolson

—— (1973) 'Scale and nation', *Philosophy of the Social Sciences* 3, 1-17

—— (1983) *Nations and Nationalism*, Oxford: Blackwell

—— (1996) 'Do nations have navels?', *Nations and Nationalism* 2, 3, 366-70

Gere, Cathy (2007) *The Tomb of Agamemnon: Mycenae and the Search for a Hero*, London: Profile Books

Gershoni, Israel and Jankowski, Mark (1987) *Egypt, Islam and the Arabs: The Search for Egyptian Nationhood*, 1900–1930, Oxford: Oxford University Press

Giddens, Anthony (1984) *The Nation-State and Violence*, Cambridge: Polity Press

—— (1991) *The Consequences of Modernity*, Cambridge: Polity Press

Gildea, Robert (1994) *The Past in French History*, New Haven and London: Yale University Press

Giliomee, Hermann (1989) 'The beginnings of Afrikaner ethnic conscious? ness, 1850–1915', in Leroy Vail (ed.) *The Creation of Tribalism in Southern Africa*, London: James Currey

—— (2003) *The Afrikaners: Biography of a People*, Cape Town: Tafelberg Publishers Gillingham, John (1992) 'The beginnings of English imperialism', *Journal of Historical Sociology* 5, 392–409

—— (1995) 'Henry Huntingdon and the twelfth century revival of the English nation', in Simon Forde, Lesley Johnson and Alan Murray (eds) *Concepts of National Identity in the Middle Ages*, Leeds Texts and Monographs, new series 14, Leeds: School of English

Gillis, John (ed.) (1994) *Commemorations: The Politics of Identity*, Princeton: Princeton University Press

Glazer, Nathan and Moynihan, Daniel (eds) (1975) *Ethnicity: Theory and Experience*, Cambridge, MA: Harvard University Press

Goodblatt, David (2006) *Elements of Ancient Jewish Nationalism*, Cambridge: Cambridge University Press

Gorski, Philip (2000) 'The Mosaic moment: An early modernist critique of modernist theories of nationalism', *American Journal of Sociology* 105, 5, 1428-68

Gouldner, Alvin (1979) *The Rise of the Intellectuals and the Future of the New Class*, London: Macmillan

Grant, Susan-Mary (2005) 'Raising the Dead: War, memory and American national identity', *Nations and Nationalism* 11, 4, 509-29

Gravers, Mikael (1996) 'The Karen making of a nation', in Tønnesson and Antlöv (1996, 237-69)

Greenfeld, Liah (1992) *Nationalism: Five Roads to Modernity*, Cambridge, MA: Harvard University Press

Grosby, Steven (1991) 'Religion and nationality in antiquity', *European Journal of Sociology* 33, 229-65

—— (1994) 'The verdict of history: the inexpungeable tie of primordiality—a reply to Eller and Coughlan', *Ethnic and Racial Studies* 17, 1, 164-171

—— (1995) 'Territoriality: the transcendental, primordial feature of modern societies', *Nations and Nationalism* 1, 2, 143-62

—— (2002) *Biblical Ideas of Nationality*, Ancient and Modern, Winona Lake, IN: Eisenbrauns

—— (2006) *A Very Short Introduction to Nationalism*, Oxford: Oxford University Press

Guibernau, Montserrat (1996) *Nationalisms: The Nation - State and Nationalism in the Twentieth Century*, Cambridge: Polity Press

—— (1999) *Nations Without States*, Cambridge: Polity

—— (2001) 'Globalisation and the nation-state', in Guibernau and Hutchinson (2001, 242-68)

—— (2004) 'Anthony D. Smith on nations and national identity: a critical reassessment', in Guibernau and Hutchinson (2004, 125-41)

—— (2007) *The Identity of Nations*, Cambridge: Polity

Guibernau, Montserrat and Hutchinson, John (eds) (2001) *Understanding Nationalism*, Cambridge: Polity Press

—— (2004) *History and National Destiny: Ethno-symbolism and its Critics*, Oxford: Blackwell

Guibernau, Montserrat and Rex, John (1997) *The Ethnicity Reader*, Cambridge: Polity Press

Gutierrez, Natividad (1999) *Nationalist Myths and Ethnic Identities: Indigenous Intellectuals and the Mexican State*, Lincoln, NE, and London: University of Nebraska Press

Handelman, Don (1977) 'The organisation of ethnicity', *Ethnic Groups* 1, 187-200

Hargrove, June (1980) 'The public monument', in Peter Fusco and H. W.Janson (eds) *The Romantics to Rodin: French Nineteenth Century Sculpture from North American Collections*, Los Angeles and New York: Los Angeles County Museum of Art and George Baziller

Hastings, Adrian (1997) *The Construction of Nationhood: Ethnicity, Religion and Nationalism*, Cambridge: Cambridge University Press

—— (1999) 'Special peoples', *Nations and Nationalism* 5, 3, 381-96

—— (2003) 'Sacred homelands', *Nations and Nationalism* 9, 1, 25-54

Hatzopoulos, Marios(2005)'"Ancient prophecies, modern predictions": myths and symbols of Greek nationalism', Unpublished PhD thesis, University of London

Haugen, Einar (1966) 'Dialect, language, nation', *American Anthropologist* 68, 922-35

Hayes, Carlton (1931) *The Historical Evolution of Modern Nationalism*, New York: Smith

—— (1960) *Nationalism: A Religion*, New York: Macmillan

Hechter, Michael (1975) *Internal Colonialism: The Celtic Fringe in British National Development*, 1536 – 1966, London: Routledge and Kegan Paul

—— (2000) *Containing Nationalism*, Oxford and New York: Oxford University Press

Herbert, Robert (1972) *David, Voltaire, Brutus and the French Revolution*, London: Allen Lane

Hertz, Frederick (1944) *Nationality in History and Politics*, London: Routledge and Kegan Paul

Higgins, Patricia (1986) 'Minority – state relations in contemporary Iran', in Ali Banuazizi and Myron Weiner (eds) *The State, Religion and Ethnic Politics: Afghanistan, Iran, and Pakistan*, Syracuse, NY: Syracuse University Press, 167-97

Hirsh, Sharon (2003) 'Swiss art and national identity at the turn of the twentieth century', in Facos and Hirsh (2003, 250-85)

Hobsbawm, Eric (1990) *Nations and Nationalism since 1780*, Cambridge: Cambridge University Press

Hobsbawm, Eric and Ranger, Terence (eds) (1983) *The Invention of Tradition*, Cambridge: Cambridge University Press

Hofer, Tamas (1980) 'The ethnic model of peasant culture: a contribution to the ethnic symbol building on linguistic foundations by East European peoples', in Sugar (1980, 101-45)

Honko, Lauri (1985) '*The Kalevala process*', *Books from Finland* 19, 1, 16-23

Hooson, David (ed.) (1994) *Geography and National Identity*, Oxford: Blackwell

Horowitz, Donald (2004) 'The primordialists', in Conversi (2004, 72-82)

Horsman, Mathew and Marshall, Andrew (1994) *After the Nation-State: Citizens, Tribalism and the New World Disorder*, London: Harper Collins Publishers

Hosking, Geoffrey (1997) *Russia: People and Empire*, 1552-1917, London: Harper Collins

Hosking, Geoffrey and Schöpflin, George (eds) (1997) *Myths and Nationhood*, London: Routledge

Howard, Michael (1976) *War in European History*, London: Oxford University Press

Howe, Nicholas (1989) *Migration and Myth-making in Anglo-Saxon England*, New Haven and London: Yale University Press

Hroch, Miroslav (1985) *Social Preconditions of National Revival in Europe*, Cambridge: Cambridge University Press

Huntington, Samuel (2004) *Who are We?*, London: Simon and Schuster

Hupchik, Dennis (2002) *The Balkans: From Constantinople to Communism*, Basing-stoke: Palgrave Macmillan

Hutchinson, John (1987) *The Dynamics of Cultural Nationalism: The Gaelic Revival and the Creation of the Modern Irish Nation State*, London: George Allen and Unwin

—— (1992) 'Moral innovators and the politics of regeneration: the distinctive role of cultural nationalists in nation-building', in Anthony D. Smith (ed.) *Ethnicity and Nationalism, International Studies in Sociology and Social Anthropology*, Vol. LX, Leiden: Brill, 101-117

—— (1994) *Modern Nationalism*, London: Fontana

—— (2000) 'Ethnicity and modern nations', *Ethnic and Racial Studies* 23, 4, 651-69

—— (2005) *Nations as Zones of Conflict*, London: Sage Publications

—— (2007) 'Warfare, remembrance and national identity', in Leoussi and Grosby (2007, 42-52)

—— (2008) 'In defence of transhistorical ethno-symbolism: a reply to my critics', *Nations and Nationalism* 14, 1, 18-28

Hutchinson, John and Aberbach, David (1999) 'The artist as nation-builder: William Butler Yeats and Chaim Nachman Bialik', *Nations and Nationalism* 5, 4, 501-21

Hutchinson, John and Smith, Anthony D. (eds) (1996) *Ethnicity*, Oxford: Oxford University Press

Hutchinson, William and Lehmann, Hartmut (eds) (1994) *Many Are Chosen: Divine Election and Western Nationalism*, Minneapolis: Fortress Press

Ichijo, Atsuko and Uzelac, Gordana (eds) (2005) *When is the Nation? Towards an Understanding of Theories of Nationalism*, London and New York: Routledge

Ihalainen, Pasi (2005) *Protestant Nations Redefined: Changing Perceptions of National Identity in the Rhetoric of the English, Dutch and Swedish Public Churches, 1685-1772*, Leiden and Boston: Brill

Im Hof, Ulrich (1991) *Mythos Schweiz: Identität - Nation - Geschichte, 1291-1991*, Zürich: Neue Verlag Zürcher Zeitung

Irwin, David (1966) *English Neo-Classical Art*, London: Faber

Jaffrelot, Christophe (1996) *The Hindu Nationalist Movement and Indian Politics, 1925 to the 1990s*, London: C. Hurst & Co.

James, Burnett (1983) *The Music of Jean Sibelius*, East Brunswick, NJ, London and Mississauga, Ontario: Associated University Presses

Jesperson, Knud (2004) *A History of Denmark*, trans. Ivan Hill, Basingstoke: Palgrave Macmillan

Jones, Sian (1997) *The Archaeology of Ethnicity: Constructing Identities in the Past and the Present*, London and New York: Routledge

Juergensmeyer, Mark (1993) *The New Cold War? Religious Nationalism Confronts the Secular State*, Berkeley and Los Angeles: University of California Press

Jusdanis, Gregory (2001) *The Necessary Nation*, Princeton, NJ, and Oxford: Princeton University Press

Kapferer, Bruce (1988) *Legends of People, Myths of State: Violence, Intolerance and Political Culture in Sri Lanka and Australia*, Washington, DC, and London: Smithsonian Institution

Kappeler, Andreas (2001) *The Russian Empire: A Multiethnic History*, Harlow: Pearson Educational Publishers

Katz, Friedrich (1972) *The Ancient American Civilisations*, London: Weidenfeld and Nicolson

Kaufmann, Eric (2004a) *The Rise and Fall of Anglo-America*, Cambridge, MA, and London: Harvard University Press

—— (ed.) (2004b) *Rethinking Ethnicity: Majority Groups and Dominant Minorities*, London and New York: Routledge

Kaufmann, Eric and Zimmer, Oliver (1998) 'In search of the authentic nation: landscape and national identity in Canada and Switzerland', *Nations and Nationalism* 4, 4, 483–510

—— (2004) '"Dominant ethnicity" and the "ethnic-civic" dichotomy in the work of Anthony D. Smith', in Guibernau and Hutchinson

(2004, 63-78)

Kautsky, John (ed.) (1962) *Political Change in Underdeveloped Countries: Nationalism and Communism*, New York: John Wiley

Keddie, Nikki (1981) *Roots of Revolution: An Interpretive History of Modern Iran*, New Haven: Yale University Press

Kedourie, Elie (1960) *Nationalism*, London: Hutchinson

—— (ed.) (1971) *Nationalism in Asia and Africa*, London: Weidenfeld and Nicolson

Keegan, Timothy (1996) *Colonial South Africa and the Origins of the Racial Order*, London: Leicester University Press

Kemenov, V. (ed.) (1979) *Vasily Surikov*, Leningrad: Aurora Art Publishers

Kemilainen, Aira (1964) *Nationalism, Problems Concerning the Word, the Concept and Classification*, Yvaskyla: Kustantajat Publishers

Kenwood (1974) *British Artists in Rome, 1700-1800*, London: Greater London Council

Kepel, Gilles (1995) *The Revenge of God*, trans. Alan Braley, Cambridge: Polity Press

Kitromilides, Paschalis (1979) 'The dialectic of intolerance: ideological dimensions of ethnic conflict', *Journal of the Hellenic Diaspora* 6, 4, 5-30

—— (1989) '"Imagined communities" and the origins of the national question in the Balkans', *European History Quarterly* 19, 2, 149-92

—— (1998) 'On the intellectual content of Greek nationalism: Paparrigopoulos, Byzantium and the Great Idea', in Ricks, David and Magdalino, Paul (eds) *Byzantium and Modern Greek Identity*, Kings College and Aldershot: Ashgate Publishing, 25-35

Kohn, Hans (1940) 'The origins of English nationalism', *Journal of the History of Ideas* I, 69-84

—— (1944) *The Idea of Nationalism* (2nd edn 1967), New York: Macmillan Koumarianou, C. (1973) 'The contribution of the Greek intelligentsia towards the Greek independence movement', in Richard Clogg (ed.) *The Struggle for Greek Independence*, London: Macmillan

Kreis, Jakob (1991) *Der Mythos von 1291: Zur Enstehung des Schweizerischen Nationalfeiertags*, Basel: Friedrich Reinhardt Verlag

Kumar, Krishan (2003) *The Making of English National Identity*, Cambridge: Cambridge University Press

—— (2006) 'English and French national identity: comparisons and contrasts', *Nations and Nationalism* 12, 3, 413-32

Laitin, David (2007) *Nations, States and Violence*, Oxford: Oxford University Press

Lartichaux, J-Y. (1977) 'Linguistic politics in the French Revolution', *Diogenes* 97, 65-84

Leersen, Joep (2006) *National Thought in Europe, A Cultural History*, Amsterdam: Amsterdam University Press

Leith, James (1965) *The Idea of Art as Propaganda*, 1750-99, Toronto: University of Toronto Press

Leoussi, Athena and Grosby, Steven (eds) (2007) *Nationalism and Ethnosymbolism: History, Culture and Ethnicity in the Formation of Nations*, Edinburgh: Edinburgh University Press

Lewis, Bernard (1968) *The Emergence of Modern Turkey*, London: Oxford University Press

Leyda, Jan (ed.) (1974) *Battleship Potemkin, October and Alexander Nevsky by Sergei Eisenstein*, London: Lorrimer Publishing

MacDougall, Hugh (1982) *Race in English History: Trojans, Teutons and Anglo-Saxons*, Montreal and Hanover, NH: Harvest House and University Press of New England

McNeill, William H. (1986) *Polyethnicity and National Unity in World History*, Tor-onto: Toronto University Press

Maes, Francis (2003) *A History of Russian Music*, Berkeley, Los Angeles and London: University of California Press

Magnusson, Sigurdur (1977) *Northern Sphinx: Iceland and the Icelanders from the Settlement to the Present*, London: C. Hurst & Co.

Malešević, Siniša (2006) *Identity as Ideology: Understanding Ethnicity and Nationalism*, Basingstoke: Palgrave Macmillan

Mann, Michael (1993) *The Social Sources of Power*, Vol. II, Cambridge: Cambridge University Press

—— (1995) 'A political theory of nationalism and its excesses', in Periwal (1995, 44-64)

Martin, David (1978) *A General Theory of Secularisation*, Oxford: Blackwell

—— (2007) 'The sound of England', in Leoussi and Grosby (2007, 68-83) Martin, Ronald (1989) *Tacitus*, London: Batsford

Martin, Timo and Siven, Douglas (1984) *Akseli Gallen-Kallela: National Artist of Finland*, Helsinki: Watti-Kustannus

Marvin, Carolyn and Ingle, David (1999) *Blood Sacrifice and the Nation: Totem Rituals and the American Flag*, Cambridge: Cambridge University Press

Marx, Anthony (2003) *Faith in Nation: Exclusionary Origins of Nationalism*, Oxford and New York: Oxford University Press

Mayall, James (1990) *Nationalism and International Society*, Cambridge:

Cambridge University Press

Mendels, Doron (1992) *The Rise and Fall of Jewish Nationalism*, New York: Doubleday

Michalski, Sergiusz (1998) *Public Monuments: Art in Political Bondage, 1870–1997*, London: Reaktion Books

Milner-Gulland, Robin (1999) *The Russians*, Oxford: Blackwell

Mitchell, Marion (1931) 'Emile Durkheim and the philosophy of nationalism', *Political Science Quarterly* 46, 87–106

Mitter, Partha (1994) *Art and Nationalism in Colonial India, 1850–1922*, Cambridge: Cambridge University Press

Moody, T. W. and Martin, F. X. (eds) (1984) *The Course of Irish History*, revised and enlarged edn, Cork: The Mercier Press

Morgan, Prys (1983) 'From a death to a view: the hunt for the Welsh past in the Romantic period', in Hobsbawm and Ranger (1983, 43–100)

Mosse, George (1975) *The Nationalisation of the Masses: Political Symbolism and Mass Movements from the Napoleonic Wars through the Third Reich*, Ithaca, NY: Cornell University Press

—— (1990) *Fallen Soldiers*, Oxford: Oxford University Press

—— (1994) *Confronting the Nation: Jewish and Western Nationalism*, Hanover, NH: University Press of New England

Nairn, Tom (1977) *The Break-up of Britain: Crisis and Neo-Nationalism*, London: New Left Books

Nations and Nationalism (2001) 'Archaeology and Nationalism', (Special issue) 7, 4, 429–531

Nersessian, Vrej (2001) *Treasures from the Ark: 1700 Years of Armenian Christian Art*, London: British Library

Newman, Gerald (1987) *The Rise of English Nationalism: A Cultural History*, 1740-1830, London: Weidenfeld and Nicolson

Nicholson, Ernest (1988) *God and His People: Covenant and Theology in the Old Testament*, Oxford: Clarendon Press

Nolte, Ernest (1969) *Three Faces of Fascism*, trans. L. Vennewitz, New York and Toronto: Mentor Books

Nora, Pierre (ed.) (1997-98) *Realms of Memory: The Construction of the French Past*, ed. Lawrence Kritzman, 3 vols, New York: Columbia University Press. Originally *Les Lieux de Mémoire*, 7 vols, Paris: Gallimard, 1984-92

Norwich, John Julius (2003) *A History of Venice*, London: Penguin Books

Notre Histoire (1996) *Clovis: La Naissance de France* (Special issue) 132, April 1996

Novak, David (1995) *The Election of Israel: The Idea of the Chosen People*, Cambridge: Cambridge University Press

Nylander, Carl (1979) 'Achaemenid Imperial Art', in Mogens Trolle Larsen (ed.) *Power and Propaganda: A Symposium on Ancient Empires*, Copenhagen: Akademisk Forlag, 345-49

O'Brien, Conor Cruise (1988a) *God-Land: Reflections on Religion and Nationalism*, Cambridge, MA: Harvard University Press

—— (1988b) 'Nationalism and the French Revolution', in Best (1988, 17-48) O'Donoghue, Heather (2006) *From Asgard to Valhalla: The Remarkable History of the Norse Myths*, London and New York: I. B. Tauris

Oguma, Eiji (2002) *A Genealogy of 'Japanese' Self-Images*, trans. David Askew, Melbourne: Trans Pacific Press

Özkirimli, Umut (2000) *Theories of Nationalism: A Critical Introduction*,

Basingstoke: Macmillan

—— (2003) 'The nation as an artichoke? A critique of ethno-symbolist interpretations of nationalism', *Nations and Nationalism* 9, 3, 339-55

—— (2008) 'The double life of John Hutchinson or bringing ethno? symbolism and post-modernism together', *Nations and Nationalism* 14, 1, 4-9

Pagden, Anthony (ed.) (2002) *The Idea of Europe: From Antiquity to the European Union*, Cambridge: Cambridge University Press.

Palmer, Alison (2000) *Colonial Genocide*, London: C. Hurst & Co.

Panossian, Razmik (2006) *The Armenians: From Kings and Priests to Merchants and Commissars*, London: C. Hurst & Co.

Pech, Stanley (1976) 'The nationalist movements of the Austrian Slavs', *Social History* 9, 336-56

Peel, John (1989) 'The cultural work of Yoruba ethno-genesis', in Elisabeth Tonkin, Maryon McDonald and Malcolm Chapman (eds) *History and Ethnicity*, London and New York: Routledge, 198-215

Periwal, Sukumar (ed.) (1995) *Notions of Nationalism*, Budapest: Central European University Press

Perkins, Mary Ann (1999) *Nation and Word: Religious and Metaphysical Language in European National Consciousness*, Aldershot: Ashgate

—— (2005) *Christendom and European Identity: The Legacy of a Grand Narrative since* 1789, Berlin and New York: Walter de Gruyter

Petrovich, Michael (1980) 'Religion and ethnicity in Eastern Europe', in Sugar (1980, 373-417)

Pinard, Maurice and Hamilton, Richard (1984) 'The class bases of the Quebec independence movement', *Ethnic and Racial Studies* 7, 1, 19-54

Plamenatz, John (1976) 'Two types of nationalism', in Eugene Kamenka (ed.) *Nationalism: The Nature and Evolution of an Idea*, London: Edward Arnold, 22-36

Pomian, Krzysztof (1997) 'Franks and Gauls', in Nora (1997-98, vol. I, 26-76)

Poole, Ross (1999) *Nation and Identity*, London and New York: Routledge

Popescu, Carmen-Elena (2003) 'National Romanian architecture: building national identity', in Facos and Hirsh (2003, 137-59)

Popper, Karl (1961) *The Open Society and Its Enemies*, vol. II, London: Routledge and Kegan Paul

Porter, Roy and Teich, Mikulas (eds) (1988) *Romanticism in National Context*, Cambridge: Cambridge University Press

Pressly, Nancy (1979) *The Fuseli Circle in Rome*, New Haven: Yale Center for British Art

Prost, Antoine (1997) 'Monuments to the Dead', in Nora (1997-98, vol. II, 307-30)

Raun, Toivo (1987) *Estonia and the Estonians*, Stanford, CA: Hoover Press Institution

Redgate, Anne (2000) *The Armenians*, Oxford: Blackwell Publishers

Reid, Donald (2002) *Whose Pharaohs? Archaeology, Museums and National Identity from Napoleon to World War I*, Berkeley and Los Angeles: University of California Press

Reynolds, Susan (1984) *Kingdoms and Communities in Western Europe, 900-1300*, Oxford: Clarendon Press

—— (2005) 'The idea of the nation as a political community', in Scales and Zimmer (2005, 54-66)

Robson‐Scott, W. D. (1965) *The Literary Background of the Gothic Revival in Germany*, Oxford: Clarendon Press

Rokkan, S., Saelen, K. and Warmbrunn, J. (1973) *Nation‐Building*, Current Sociology 19, 3, The Hague: Mouton

Rosenberg, Jakob (1968) *Rembrandt, Life and Work*, London and New York: Phaidon

Rosenblum, Robert (1967) *Transformations in Late Eighteenth Century Art*, Princeton: Princeton University Press

—— (1985) *Jean‐Dominique‐Auguste Ingres*, London: Thames and Hudson

Roshwald, Aviel (2006) *The Endurance of Nationalism: Ancient Roots and Modern Dilemmas*, Cambridge: Cambridge University Press

Rosselli, John (2001) 'Music and nationalism in Italy', in Harry White and Michael Murphy (eds) *Musical Constructions of Nationalism*, Cork: Cork University Press, 181–96

Roudometof, Victor (1998) 'From Rum millet to Greek nation: Enlightenment, secularisation and national identity in Greek society', *Journal of Modern Greek Studies* 16, 1, 11–48

—— (2001) *Nationalism, Globalisation and Orthodoxy: The Social Origins of Ethnic Conflict in the Balkans*, Westport, CT: Greenwood Press

Routledge, Bruce (2003) 'The antiquity of nations? Critical reflections from the ancient Near East', *Nations and Nationalism* 9, 2, 213–33

Rozanow, Zofia and Smulikowska, Ewa (1979) *The Cultural Heritage of Jasna Gora*, 2nd enlarged edn, Warsaw: Interpress Publishers

Runnymede Trust (2000) *The Future of Multi‐Ethnic Britain: The Parekh Report*, London: Profile Books

Samson, Jim (2007) 'Music and nationalism: five historical moments', in Leoussi and Grosby (2007, 55-67)

Sarkisyanz, Emanuel (1964) *Buddhist Backgrounds of the Burmese Revolution*, The Hague: Nijhoff

Saunders, David (1993) 'What makes a nation a nation? Ukrainians since 1600', *Ethnic Groups* 10, 1-3, 101-24

Scales, Len (2000) 'Identifying "France" and "Germany": medieval nation - making in recent publications', *Bulletin of International Medieval Research* 6, 23-46

—— (2005) 'Late medieval Germany: an under-stated nation?', in Scales and Zimmer (2005, 166-191)

Scales, Len and Zimmer, Oliver (eds) (2005) *Power and the Nation in European History*, Cambridge: Cambridge University Press

Schama, Simon (1987) *The Embarrassment of Riches: An Interpretation of Dutch Culture in the Golden Age*, London: William Collins

—— (1989) *Citizens: A Chronicle of the French Revolution*, New York and London: Knopf and Penguin

—— (1995) *Landscape and Memory*, London: Harper Collins (Fontana)

Schwartz, Seth (2004) *Imperialism and Jewish Society*, 200 BCE to 640 CE, Princeton: Princeton University Press

Seton-Watson, Hugh (1977) *Nations and States*, London: Methuen

Sheehy, Jeanne (1980) *The Rediscovery of Ireland's Past: The Celtic Revival*, 1830-1930, London: Thames and Hudson

Shils, Edward (1957) 'Primordial, personal, sacred and civil ties', *British Journal of Sociology* 7, 13-45

—— (1972) *The Intellectuals and the Powers, and Other Essays*, Chicago: Chicago University Press

Shimoni, Gideon (1995) *The Zionist Ideology*, Hanover, NH: Brandeis

University Press

Sluga, Glenda (1998) 'Identity, gender and the history of European nations and nationalisms', *Nations and Nationalism* 4, 1, 87-111

Smith, Anthony D. (1973a) *The Concept of Social Change*, London: Routledge and Kegan Paul

—— (1973b) *Nationalism*, a Trend Report and Annotated Bibliography, *Current Sociology* 21, 3, The Hague: Mouton

—— (ed.) (1976a) *Nationalist Movements*, London: Macmillan

—— (1976b) 'Neo-Classicist and Romantic elements in the emergence of nationalist conceptions', in idem (1976a, 74-87)

—— (1979a) *Nationalism in the Twentieth Century*, Oxford: Martin Robertson

—— (1979b) 'The "historical revival" in late eighteenth century England and France', *Art History* 2, 156-78

—— (1981a) *The Ethnic Revival in the Modern World*, Cambridge: Cambridge University Press

—— (1981b) 'War and ethnicity: the role of warfare in the formation, self? images and cohesion of ethnic communities', *Ethnic and Racial Studies* 4, 4, 375-97

—— (1981c) 'States and homelands: the social and geopolitical implications of national territory', *Millennium*, *Journal of International Studies* 10, 3, 187-202

—— (1983) *Theories of Nationalism*, 2nd edn, London: Duckworth; and New York: Holmes and Meier

—— (1986) *The Ethnic Origins of Nations*, Oxford: Blackwell

—— (1991) *National Identity*, Harmondsworth: Penguin

—— (1995) *Nationalism in a Global Era*, Cambridge: Polity Press

—— (1998) *Nationalism and Modernism: A Critical Survey of Recent Theories of Nations and Nationalism*, London: Routledge

—— (1999a) *Myths and Memories of the Nation*, Oxford: Oxford University Press

—— (1999b) 'Sacred territories and national conflict', *Israel Affairs* 5, 4, 13-31

—— (1999c) 'Ethnic election and national destiny: some religious origins of nationalist ideals', *Nations and Nationalism* 5, 3, 331-55

—— (2000a) *The Nation in History: Historiographical Debates about Ethnicity and Nationalism*, Jerusalem: Historical Society of Israel; Hanover, NH: University Press of New England

—— (2000b) 'Images of the nation: cinema, art and national identity', in Mette Hjort and Scott Mackenzie (eds) Cinema and Nation, London and New York: Routledge, 45-59

—— (2001) *Nationalism: Theory, Ideology, History*, Cambridge: Polity Press

—— (2002) 'When is a nation?', Geopolitics 7, 2, 5-32

—— (2003a) *Chosen Peoples: Sacred Sources of National Identity*, Oxford: Oxford University Press

—— (2003b) 'The poverty of anti-nationalist modernism', *Nations and Nationalism* 9, 3, 357-70

—— (2004a) *The Antiquity of Nations*, Cambridge: Polity Press

—— (2004b) 'History and national destiny: responses and clarifications', in Guibernau and Hutchinson (2004, 195-209)

—— (2004c) 'Ethnic cores and dominant ethnies', in Kaufmann (2004b, 17-30)

—— (2005a) 'Nationalism in early modern Europe', *History and Theory*

44, 3, 404-15

—— (2005b) 'The genealogy of nations: an ethno-symbolic approach', in Ichijo and Uzelac (2005, 94-112)

—— (2006) '"Set in the silver sea": English national identity and European integration', *Nations and Nationalism* 12, 3, 433-52

—— (2007a) 'Nation and covenant: the contribution of ancient Israel to modern nationalism', *Proceedings of the British Academy* 151, 213-55

—— (2007b) 'Nations in decline? the erosion and persistence of modern national identities', in Mitchell Young, Eric Zuelow and Andreas Sturm (eds) *Nationalism in a Global Era: The Persistence of Nations*, London and New York: Routledge, 17-32

—— (2008a) *The Cultural Foundations of Nations: Hierarchy, Covenant, Republic*, Oxford: Blackwell Publishers

—— (2008b) 'The limits of everyday nationhood', *Ethnicities* 8, 4 563-73

Smith, Graham (ed.) (1990) *The Nationalities Question in the Soviet Union*, London and New York: Longman

Smyth, Alfred (ed.) (2002) *Medieval Europeans: Studies in Ethnic Identity and National Perspectives in Medieval Europe*, Basingstoke: Palgrave

Snyder, Jack (2000) *From Voting to Violence: Democratisation and Nationalist Conflict*, New York and London: W.W. Norton & Co.

Snyder, Louis (1954) *The Meaning of Nationalism*, New Brunswick: Rutgers University Press

—— (1968) *The New Nationalism*, Ithaca: Cornell University Press

Sorenson, Marie Louise Stig (1996) 'The fall of a nation, the birth of a subject: the national use of archaeology in nineteenth century Denmark', in Diaz-Andreu and Champion (1996, 24-47)

South Bank Centre (1989) *La France: Images of Woman and Ideas of Nation*, 1789–1989, London: South Bank Centre

Soysal, Yasemin (1994) *Limits of Citizenship: Migrants and Post-national Membership in Europe*, Chicago, IL: Chicago University Press

Spillman, Lyn (1997) *Nation and Commemoration: Creating National Identities in the United States and Australia*, Cambridge: Cambridge University Press

Strachan, Hew (1988) 'The nation in arms', in Best (1988, 49–73)

Strayer, Joseph (1971) *Medieval Statecraft and the Perspectives of History*, Princeton: Princeton University Press

Sugar, Peter (ed.) (1980) *Ethnic Diversity and Conflict in Eastern Europe*, Santa Barbara, CA: ABC-Clio

Suleiman, Yasir (2003) *The Arabic Language and National Identity*, Edinburgh: Edinburgh University Press

Switzer, Terri (2003) 'Hungarian self-representation in an international context: the Magyar exhibited at international expositions and world's fairs', in Facos and Hirsh (2003, 160–85)

Sztompka, Piotr (1993) *The Sociology of Social Change*, Oxford: Blackwell

Tate Gallery (1975) *Henry Fuseli*, 1741–1825, London: Tate Gallery Publications

Taylor, Richard (1998) *Film Propaganda: Soviet Russia and Nazi Germany*, 2nd revised edn, London: I.B. Tauris Publishers

Thaden, Edward (1964) *Conservative Nationalism in Nineteenth Century Russia*, Seattle: University of Washington Press

Thom, Martin (1990) 'Tribes within nations: the ancient Germans and the history of modern France', in Bhabha (1990, 23–43)

Thomas, Hugh (2005) *The English and the Normans: Ethnic Hostility, Assimilation and Identity*, 1066 – c. 1220, Oxford: Oxford University Press

Tilly, Charles (ed.) (1975) *The Formation of National States in Western Europe*, Princeton: Princeton University Press

Tomlinson, Janis (2003) 'State galleries and the formation of national artistic identity in Spain, England, and France, 1814–51', in Facos and Hirsh (2003, 16–38)

Tönnesson, Stein and Antlöv, Hans (eds) (1996) *Asian Forms of the Nation*, Richmond: Curzon Press

Triandafyllidou, Anna (2001) *Immigrants and National Identity in Europe*, London and New York: Routledge

Trilling, Lionel (1972) *Sincerity and Authenticity*, Cambridge, MA, and London: Harvard University Press

Trumpener, Katie (1997) *Bardic Nationalism: The Romantic Novel and the British Empire*, Princeton: Princeton University Press

Uzelac, Gordana (2006) *The Development of the Croatian Nation: An Historical and Sociological Analysis*, Lewiston, Queenstown and Lampeter: The Edward Mellen Press

van den Berghe, Pierre (1978) 'Race and ethnicity: a sociobiological perspective', *Ethnic and Racial Studies* 1, 4, 401–11

—— (1995) 'Does race matter?', *Nations and Nationalism* 1, 3, 357–68

van der Veer, Peter (1994) *Religious Nationalism: Hindus and Muslims in India*, Berkeley and Los Angeles: University of California Press

Vaughan, William and Weston, Helen (eds) (2003) *Jacques-Louis-David's Marat*, Cambridge: Cambridge University Press

Viroli, Maurizio (1995) *For Love of Country: An Essay on Nationalism and Patriotism*, Oxford: Clarendon Press

Warner, Marina (1983) *Joan of Arc: The Image of Female Heroism*, Harmondsworth: Penguin

Watkins, Frederick M. (ed.) (1953) *Rousseau: Political Writings*, Edinburgh and London: Nelson

Weber, Max (1948) *From Max Weber: Essays in Sociology*, eds Hans Gerth and C. Wright Mills, London: Routledge and Kegan Paul

—— (1968) *Economy and Society*, 3 vols., ed. C. Wittich, New York: Bedminster Press

Whittall, Arnold (1987) *Romantic Music: A Concise History from Schubert to Sibelius*, London: Thames and Hudson

Wilber, Donald (1969) *Persepolis: The Archaeology of Parsa, Seat of the Persian Kings*, London: Cassell and Co.

Wilton, Andrew and Barringer, Tim (eds) (2002) *American Sublime: Painting in the United States, 1820–1880*, London: Tate Publishing

Wimmer, Andreas (2008) 'How to modernise ethno-symbolism', *Nations and Nationalism* 14, 1, 9–14

Winichakul, Thongchai (1996) 'Maps and the formation of the geobody of Siam', in Tønnesson and Antlöv (1996, 67–91)

Winock, Michel (1997) 'Joan of Arc', in Nora (1997–98, vol. III, 433–80)

Winter, Jay (1995) *Sites of Memory, Sites of Mourning: The Great War in European Cultural History*, Cambridge: Cambridge University Press

Winter, Jay and Sivan, Emmanuel (eds) (2000) *War and Remembrance in the Twentieth Century*, Cambridge: Cambridge University Press

Wiseman, D.J. (ed.) (1973) *Peoples of Old Testament Times*, Oxford:

Clarendon Press

Wormald, Patrick (1984) 'The emergence of Anglo-Saxon kingdoms', in Lesley Smith (ed.) *The Making of Britain: The Dark Ages*, Basingstoke: Macmillan

—— (2005) 'Germanic power structures: the early English experience', in Scales and Zimmer (2005, 105-24)

Yack, Bernard (1999) 'The myth of the civic nation', in Ronald Beiner (ed.) *Theorising Nationalism*, Albany, NY: State University of New York, 103-18

Yoshino, Kosaku (ed.) (1999) *Consuming Ethnicity and Nationalism: Asian Experiences*, Richmond: Curzon Press

Yuval-Davis, Nira (1997) *Gender and Nation*, London: Sage

Zimmer, Oliver (1998) 'In search of natural identity: Alpine landscape and the reconstruction of the Swiss past, 1870-1900', *Comparative Studies in Society and History* 40, 4, 637-65

—— (2003) *A Contested Nation: History, Memory and Nationalism in Switzerland*, 1761-1891, Cambridge: Cambridge University Press

Zubaida, Sami (1978) 'Theories of nationalism', in G. Littlejohn, B. Smart, J. Wakeford and N. Yuval-Davis (eds) *Power and the State*, London: Croom Helm

索 引

(此处所列页码均为原书页码，即本书边码。斜体数字表示对该项目更长的讨论)

A

Africa 非洲(3, 6, 9, 42, 44, 59, 70, 71, 100, 126)

Afrikaner 阿非利卡人(53, 142)

America 美国(26, 35, 53, 58, 62-63, 68, 75, 89, 92-94, 101, 104, 108-9, 111, 113, 126)

ancestry, myth of 先祖神话(17, 18, 27-28, 38, 46, *47-8*, 69, 77, *91-2*, 95, 97, 99, 100, 104, 111, 113, 118)

ancient world 古代世界(10, 39, 44-45, 85, 88, 96, 117, 129, 142 第 7 条)

Anderson, Benedict 本尼迪克特·安德森(5-6, 12, 14-15, 17, 19, 78, *82-83*, 130)

antiquity, see ancient world Arabs 古代,参见古代世界的阿拉伯人(36, 48, 62, 72, 83, 93)

archaeology 考古(*65-66*, 68, 70, 146 第 8 条)

Armenia, -ians 亚美尼亚,亚美尼亚人(10, 45, 51, 91, 93-94, 110, 126)

arts, artists, visual art 艺术,艺术家,视觉艺术(33, 44, 56, 67-69, 70, 72, *84-85*, 88-90, 92, 95, 98, 102, 118, 140 第 16 条, 146 第 11 条)

Asia 亚洲(6, 9, 42, 44, 69, 70, 75, 100)

Ataturk, Kemal, see Turkey 阿塔图尔克·凯末尔,参见土耳其

Australia 澳大利亚(53, 92, 102)

authenticity 真实性(35-36, 45,

56-57, 63, 66, *67-68*, 70, 80, 84, 90, 96, 108, 116, 123-24)

autonomy 自主性(44-45, 52, 54-55, 61-62, 66, 74-75, 79-80, 83, 108, 114, 123, 126)

B

Balibar, Etienne 艾蒂安·巴利巴（12）

Balkans 巴尔干半岛(31, 34, 55, 57, 68）

Barth, Fredrik 弗雷德里克·巴特（23, 130）

Basques 巴斯克人(72, 104)

Beaune, Colette 科莱特·波纳（10）

Bhabha, Homi 霍米·巴巴(12)

Bible, biblical 圣经,圣经的(46, 76, 82, 93)

Billig, Michael 迈克尔·比利格（12, *73*, 102, 107）

Brass, Paul 保罗·布拉斯(11)

Breuilly, John 约翰·布鲁伊利（5, 14-15, 17, 19-20, *117-18*, 122)

Britain, British 英国、英国人/的（3, 28, *34-35*, 53, 62, 67, 71, 76, 88, 96, 100, 102, 103,

120）

Brubaker, Rogers 罗杰斯·布鲁贝克（7, 12, *41-42*, 122）

Buddhism 佛教(57)

bureaucracy, see state 官僚机构,参见国家

Byzantium, see Greece 拜占庭,参见希腊

C

Canada 加拿大(53, 58)

capitalism 资本主义(5, 14-15, 19, 56, 82）

Catalonia, -alan 加泰罗尼亚,加泰罗尼亚人(51, 61, 104, 110, 114)

Catholicism, see Christianity 天主教,参见基督教

character, national, see identity 民族特征,参见认同

China 中国(3, 25)

Christianity 基督教(32, 57, 63, 71, 75-76, 82, 93, 111, 114-15)

citizen, -ship 公民,公民身份(5, 29, 33, 77, 96, *97-98*, 101, 129-30)

city, city-state 城市,城邦(5, 15,

201

29, 46, 52, 62, 91, 107, 117)

class 阶级（15, 26-27, 31-32, 34, 39, 53-54, *64*, 68, 73, 82, 88, 90, 117, 122, 124）

clergy 神职人员（10, 48-49, 51, 53-54, 58, 64, 73, 75, 88, 92, 118）

colony, -ialism 殖民, 殖民主义（6, 28, 42, 55, 79, 106, 126, 129）

communism, see marxism 共产主义 参见马克思主义

Conflict 冲突（*19-21, 33-35*, 39-40, 42, 58, 107, *114-17, 127-28*）

Connor, Walker 沃克·康纳（46, 62, 100, *108-9*, 111

constructivism 建构主义（11, 42, 134）

Conversi, Daniele 丹尼埃尔·孔韦尔西（114）

culture, public culture 文化, 公共文化（5, 7-8, 12, 14, 16, 19, 24-30, 32, 39, 44, *51-2, 54-55*, 56-58, 68, 71, 74-76, 81, 83, 91, 101, *108-111*, 114, 118, 120-22, 129, 134-35）

D

David, Jacques-Louis 雅克·路易·大卫（67, 96）

Denmark 丹麦（34, 68, 84, 88, 100）

descent, see ancestry 血统, 参见祖先

Deutsch, Karl 卡尔·多伊奇（4, 7, 14, 18, 19）

Dutch, see Netherlands 荷兰, 参见尼德兰

Durkheim, Emile 埃米尔·涂尔干（125, 129-30）

E

Edensor, Tim 蒂姆·埃德索尔（12）

Education 教育（5, 19, 44, 64, 69, 82-83, 103, 128）

Egypt, -ians 埃及, 埃及人（3, 9, 32, 36, 43, 53, 86）

election, myth of 神选神话（38, *76-77*, 91, *92-4*, 98, 100, 101, 104, 129,152nn.19, 20）

elites（and masses）精英（和大众）（5, 10-11, 14-15, 18-21, *31-33*, 36, 40, 42, 47-48, 59,

73-74, 80, 90, 98, 111, *115-17*, 118, 123, 128,134-35)

empire 帝国(29, 52, 79, 107)

England 英格兰(3, 10, 17, 28, 34, 44, 47, 54, 67-69, 76, 83-84, 87-89, 93, 96, 112, 133)

Enlightenment 启蒙运动(6, 69, 84)

Eritrea 厄立特里亚(28, 111)

Estonia 爱沙尼亚(17, 27, 138 第9条)

'ethnic core' see ethnie 族群核心,参见族群

ethnic election, see election, myth of ethnie, ethnicity, passim 族群神选,参见神选,族群神话,族群性,多处

ethno-genesis 族群形成(*45-49*, 53, 113-14,116, 118)

'ethno-history', see history 族群历史,参见历史

'ethnoscape', see territory 族群景观,参见领土

ethno-symbolism, passim 族群—象征主义,多处

Europe 欧洲(3, 31, 35, 42, 44, 55, 62, 64, 67-69, 72, 77, 79, 81, 83, 86, 93, 96, *100-4*, 120-21, 124)

evolution, -ism 进化论,进化论的(105, *126-7*)

'everyday nationhood' "日常民族生活"(19,*73-74*,133-34)

F

Fascism 法西斯主义(4, 105, 107)

feminism, see gender 女权主义,参见性别

Fichte, Johann Gottlieb 约翰·戈特利布·费希特(6, 74)

Finland 芬兰(44, 72, *87*, 89, 96, 128)

flag 旗帜(25, 51, 75, 102)

France, French 法国、法国人(3, 9, 10, 25, 28,32, 35, 47, 54-55, 62-63,67-68, 71, 75-77, 84, 88-89,92, 94, 96, 100-102, 109, 112,120, 123, 133)

Freeden, Michael 迈克尔·弗里登(108)

French Revolution, see France 法国大革命,参见法国

G

Geertz, Clifford 克利福德·格尔茨

(9)

Gellner, Ernest 欧内斯特·盖尔纳(4-5, 7, 14, 15, *16-17*, 18-20, 43, 79, *82*, 107, 122, 126, 137 第4条)

gender 性别(11, 122, 133, 135, 144 第20条)

Germany, Germans 德国,德国人(47, 62, 67-68, 74, 83, 85-86, 100, 109, 123)

Giddens, Anthony 安东尼·吉登斯(17)

Gillingham, John 约翰·吉林厄姆(10)

globalism, -isation 全球主义,全球化(13, 129, 133)

'golden age' "黄金时代"(36-37, 38-39, 95, 98, 104, 116, 128, 129)

Greece, Greeks 希腊,希腊人(3, 27, 32-33, 46, 48, 51, 72, 84, 88-89, 91, 97, 101, 117, 123)

Grosby, Steven 史蒂芬·格罗斯比(9-10, 49)

Guibernau, Montserrat 蒙特塞拉特·吉博纳(*109-10*, 122)

H

Hastings, Adrian 阿德里安·黑斯廷斯(10, 45)

Hayes, Carlton 卡尔顿·海斯(4, 130)

Hechter, Michael 迈克尔·赫克特(14)

Herder, Johann Gottfried 约翰·哥特弗雷德·赫尔德(7, 42, 56, 68, 74, 83, 107, *112*, 127)

Hellenism, see Greece 希腊文化,参见希腊

hero, heroism 英雄,英雄行为(32, 36, *69-70*, 77, 78, 86, 88, *94-5*, 98)

Hinduism 印度教(31, 33)

history, ethno-history 历史,族群历史(5, 7, 14, *30*, *33*, 35-7, 56, 67-68, *74*, 80, 87-88, 90-91, *95-7*, *100-1*, 112, 116-17, 119, 126-27, 131, 134)

'history painting' "民族绘画"(*88-9*, 95)

Hobsbawm, Eric 埃里克·霍布斯鲍姆(5, 12, 14, 17, 19-20, 31, 112, 122)

holism 整体论(105, 125, *127-8*)

homeland, see also territory 祖地, 参见领土(10, 29, 38, 49-50, 63, 69, 71-72, 77, 80, 94-95, 97-98, 101, 103-4, 108, 129)

Hroch, Miroslav 米罗斯拉夫·赫洛奇(65)

Hungary 匈牙利(44, 92)

Hutchinson, John 约翰·哈钦森(2, 20, *24*, *35*, *66-7*, 108, 111-12, 115, 125)

'hybridity', 'hybridisation' "混合性","混合化"(12, 81, 101, 121, 133-34)

I

idealism 理想主义(15, 105, 125, *128-30*)

identity, ethnic/national, sense of 族群/民族认同感(5, 15, 18, 20, 39, 44-45, 50, 52, 54, 61-63, 68, 74-75, 79, 80-81, 97, 99, 100, 108, 117, 121, *122-25*, 134)

ideology, see also nationalism 意识形态,参见民族主义(2, 6, 8, 15-16, 19, 31, 33, 36, 39-40, 45, 52-53, *61-64*, 76, 79, 83, 97, 104, *105-8*, 117, *122-23*, 128-30)

imperialism, see empire 帝国主义,参见帝国

India 印度(3, 11, 31, 33 70, 72, 75, *89*)

Ingres, Jean-Auguste Dominique 让-奥古斯特-多米尼克·安格尔(68, 89)

Intellectuals 知识分子(6, 24, 36, 40, 55-56,59, 65, 68, 70-72, 75, 84-86,92, 116, 128)

intelligentsia 知识界(5, 19, 28, 32, 55,57, 64-66, 70, 73, 85, 116,128-29, 130)

Iran 伊朗(3, *37*, 44, 70, 75, 89, 123)

Ireland, Irish 爱尔兰,爱尔兰人 24, 49, 66-67, 84, 93, 94)

Islam 伊斯兰教(34, 36, 48, 54, 75, 93,114-15)

Israel, see also Jews 以色列,也可参见犹太人(9, 34, 53, 76, 93, 101-2, 118)

Italy, -ians 意大利,意大利人(28, 32, 62, 68, 91, 99,101, 109)

205

J

Japan, -ese 日本,日本人(3, 33, 91, 101)

Jews, see also Israel 犹太人,也可参见以色列(3, 10, 43, 45, 48, 51, 86, 89, 91, 97, 100, 110, 123, 126)

Joan of Arc 圣女贞德(89, 95)

Judea, see Jews 朱迪亚,参见犹太人

K

Kalevala, see also Finland《卡莱瓦拉》,也可参见芬兰(68, 87, 96)

Kant, Immanuel 伊曼努尔·康德(6, 74, 76)

Kedourie, Elie 埃里·凯杜里(6, 15, 19, *31-32*, 106, 128)

kinship 亲属关系(5, 8-9, 27, 47-48, 91, 108, 112-13)

king, kingship 国王,王权(6, 52, 54, 82, 87, 93, 115)

Kohn, Hans 汉斯·科恩(4, 137第2条)

Kurds 库尔德人(42, 51, 104, 113, 114)

L

Laitin, David 大卫·莱丁(107, 119)

landscape, see territory 景观,参见领土

language, literacy 语言,识字率(4, 5-6, 9-10, 12, 14, 17-19, 23, 25, 27-28, 32, 37-38, 46-47, 53-55, 56-57, 67-68, 75, 82-83, 108, 116, 118, 149第3条, 150第5条)

Latin America 拉丁美洲(70)

law 法律(10, 29, 30, 44, *50-51*, 54, 57-58, 110-11, 112, 114)

Leersen, Joep 乔普·勒森(124)

literature 文学(*67-8*, *82-83*, 85, 87, 90, 146n.11)

longue durée 长时段(*16-17*, 24, 36-37, 39, 58, 120)

M

Malešević, Siniša 西尼亚·马莱维奇(122-23, *125-30*)

Mann, Michael 马克尔·曼(17)

Marxism 马克思主义(5, 42, 107, 114)

McNeill, William 威廉·麦克尼尔

（81）

memory 记忆（16, 18-19, 20-21, 24-26, 27-29, 30-31, 32-34, 44, 48, *49-50*, 54, 56-57, 59, 62-63, 67, 69, 71-72, 74, 80, 85, 90, 92, 95, 97, *101*, 106, 108-9, 110-11, 112-14, 121, 127, 129-30, 134-36）

Mexico 墨西哥（68, *89-90*, 94）

Middle Ages, medieval 中世纪,中世纪的（10, 38-39, 44, 46, 54, 57, 69, 85, 88-89, 96, 100, 129, 142 第7条）

Middle East 中东（9, 42, 72）

migration 移民（12-13, 29, 57-58, 100-1, *104*, 111, *121*, 129）

modernism 现代主义（1, *6-8, 10-11*, 13, *16-17* 19, 29, 37, 40, 44, 65-66, 80, *82-84*, 107, 117, 119-20, 122, 126, 128-29, *133-36*）

modernisation 现代化（4, 6-7, 11, 17, 19, 36, 55, 106, 125）

monarchy, see kingship 君主制,参见王权

music 音乐（33, 52, 68, *85-88*, 90, 95, 98, 118, 151 第9、10条）

Mussorgsky, Modest 莫杰斯特·穆索尔斯基（*87-8*）

Muslim, see Islam 穆斯林,参见伊斯兰教

myth 神话（5, 16, 18, 20-21, 24-26, 27-28, 29-30, 32-34, 44, 48-49, 56-57, 59, 62-63, 69, 71, 74, 80-81, 85-86, 90, 92, 97, 101, 106, 109, 110-14, 118, 121, 127, 129-30, 134-36）

N

Nairn, Tom 汤姆·奈恩（7, 14, 17, 19, 20）

Napoleon 拿破仑（3, 84）

nation, passim 民族,多处

'national destiny' "民族认同"（14, 33-34, *35-6*, 39-40, 56, 63, 71, 78, 80, 91, *97-99*, 102, 104, 108, *116-17*, 121, 127）

nationalism, passim 民族主义,多处

Nature, naturalism, see also territory 自然,自然主义,也可参见领土（8, *69-70*, 96, 103）

Nazism, see fascism 纳粹主义,参见法西斯主义

Near East, see Middle East 近东,参见中东

'neo-perennialism', see perennialism "新永存主义"参见永存主义

Netherlands 尼德兰(50,68,76,88,93,120)

O

Old Testament, see Bible 旧约圣经,参见圣经

Orthodoxy, see Christianity 正教,参见基督教

Ottoman empire, see Turkey 奥斯曼帝国,参见土耳其

Özkirimli, Umut 乌穆特·奥兹基瑞穆里(*106-7*)

P

patriotism, see nationalism 爱国主义,参见民族主义

perennialism 永存主义(1,3,4,6,*9-11*,29,38,45,133,135)

Persia, see Iran 波斯,参见伊朗

Phoenicians 腓尼基人(27,*46*,143 第10条)

Poland, Poles 波兰,波兰人(44,51,63,77,93,94,110,113)

Poole, Ross 罗斯·普尔(112)

post-modern-ism 后现代,后现代主义(*11-13*,66,99,*119-121*,122,134)

primordial, -ism 原生的,原生主义(3,*8-9*,11,57,68,133)

Protestantism, see Christianity 新教,参见基督教

public culture, see culture 公共文化,参见文化

Quebec, -ois 魁北克,魁北克人(51,61)

R

race, racism 种族,种族主义(3,4,5-6,8,9,20,53,105,107,121,123)

Ranger, Terence 特伦斯·兰杰(12)

'rational choice' "合理选择"(133)

regeneration, national 民族重建(40,66,68,*120-1*)

reinterpretation 重释(20,21,*34-35*,40,66,72,97,117,120)

religion 宗教（5，9，19，24-25，27，31，37-38，47-48，51，*53-4*，56-57，73，*74-79*，80，81，89，94，100，108，112，116，118，124，126，*129-30*，148nn.26，27）

Renan, Ernest 欧内斯特·勒南（3-4，55）

rites, ritual 仪式,仪式的（14，25，32，37-38，43-44，51，54-55，57，63，74，*76-78*，80，95，*98-99*，102，194，110，118，121，130-31）

Romantic, -ism 浪漫的,浪漫主义（6，14，56，62，64，*67-70*，74，85，87，96-97，106）

Rome, - an 32，47，88，89，91，118

Rosenblum, Robert 罗伯特·罗森布鲁姆（87）

Roshwald, Aviel 阿维埃尔·罗施瓦尔德（115）

Rousseau, Jean-Jacques 让-雅克·卢梭（*43*，65，67，69，74，78，77-78，110，142 第 4 条）

Russia 俄罗斯（3，12，25，34，36，41-42，54，64，87，89，92，103，101，123）

S

Sacrifice 牺牲（3，7，27-28，43，54，62，78，80，88-89，91，*97-98*，104，120，121）

Scotland 苏格拉（28，51，61，67，76，84，92-93，104，114）

self-determination, see nationalism 自决,参见民族主义

Shils, Edward 爱德华·希尔斯（9）

Sibelius, Jean 让·西贝柳斯（87）

Sikhs 锡克人（42，104）

Simmel, Georg 格奥尔格·齐美尔（130）

Slovakia 斯洛伐克（44，46，128）

Snyder, Louis 路易斯·斯奈德（4）

South Africa 南非（53）

Sociobiology 生物社会学（8，133）

sovereignty, see state 主权,参见国家

Soviet Union, see Russia 苏联,参见俄罗斯

Spain 西班牙（54，76，84，89，97，120）

State 国家（5，8，10，12，14，17，19，24，28，36，42，48，*50-51*，

53-56, 61, 64-66, 70-71, 79, 81, 82, 84, 96, 101, 103-5, 107, *108-10*, 112-13, 120-22, 128-29）

Switzerland, Swiss 瑞士，瑞士人（50, 62, *67*, 91, 93, 95, *108-9*）

Sumerians 苏美尔人（27）

symbol, -ism 象征，象征主义（1, 11-12, 16, 18, 21, 23-25, 26, 29-30, 32-34, 43-44, 47-49, 51, 54-55, 56-59, 62-63, 69, 71-72, 74-76, 78, 80-81, 90, 92, 95, *101-2*, 106, *109-11*, 114, 117-18, 120-21, 127, 130-31, 134-35）；see also ethno-symbolism 也可参见族群—象征主义

Sztompka, Piotr 彼得·什托姆普卡（128）

T

Tamils 泰米尔人（42, 51, 104, 113）

territory 领土（7, 9-10, 19, 27-29, 30, 33, 37, *49*, 53-54, 57-58, 62, 69, 75, 77, 87, 91, *94-95*, *102-3*, 106, 108-9, 114, 120, 126）

tradition 传统（5-7, 16-17, 25-26, 29-30, 31-34, 44, 48, *49-50*, 55-57, 59, 69, 71-72, 74-75, 79, 80, 85, 90, 92, 95, 97, 101, 106, 109, 112-13, 116-18, 121, 129-30, 134-36）

Treitschke, Heinrich von 海因里希·冯·特雷奇克（4）

Triandafyllidou, Anna 安娜·特里安德菲里都（*115*）

Trilling, Lionel 莱昂内尔·特里林（124）

Turks, Turkey 土耳其人，土耳其（31, 34, 55, 63-64, 91, 100）

U

Ukraine 乌克兰（46, 128）

United States, see America 美国，参见美国

V

Value 价值（18, 24-26, 29-30, 31-34, 48-49, 55, 59, 62, 72, 74-75, 80-81, 85, 106, *109-11*, 113, 121, 127, 134-35）

Van den Berghe, Pierre 皮埃尔·

范登·伯格(8)

Venice 威尼斯(47, 52, 86)

Viroli, Maurizio 毛里齐奥·维罗利(54, 62)

W

Wales 威尔士(49, 67, 94)

Wallerstein, Immanuel 伊曼纽尔·沃勒斯坦(12)

war 战争(5, 27-8, 47, 77, 81, 98, 106-7, 111-12, 115-16, 121, 126)

Weber, Max 马克斯·韦伯(2, 15, 27, 42, 93, 125, 130, 137 第1条)

West, Benjamin 韦斯特·本杰明(88, 89, 96)

West, western 西方,西方的(3-4, 6, 12, 29, 38, 44-45, 50, 57, 71, 73-74, 78, 91, 93, 98, 100-4, 105, 107)

Wimmer, Andreas 安德烈亚斯·威默(106-7, 112, 114, 117, 118-19, 127)

Winichakul, Thongchai 通猜·威尼差恭(50)

Wormald, Patrick 帕特里克·沃马尔德(10)

Y

Yugoslavia, see Balkan 南斯拉夫, 参见巴尔干半岛